U0492724

作者荐书
二维码

译者导读
二维码

貧困と格差
ピケティとマルクスの対話

贫困与收入差距
——皮凯蒂与马克思的对话

[日] 奥山忠信 / 著　李　菁 / 译

中国财经出版传媒集团
经济科学出版社
Economic Science Press

图书在版编目（CIP）数据

贫困与收入差距：皮凯蒂与马克思的对话 /（日）奥山忠信著；李菁译 .—北京：经济科学出版社，2019.9

ISBN 978-7-5218-0935-0

Ⅰ.①贫⋯ Ⅱ.①奥⋯②李⋯ Ⅲ.①收入差距–研究 Ⅳ.①F014.4

中国版本图书馆 CIP 数据核字（2019）第 206430 号

责任编辑：孙怡虹　杨　洋
责任校对：郑淑艳
版式设计：陈宇琰
责任印制：李　鹏　范　艳

贫困与收入差距
——皮凯蒂与马克思的对话

[日] 奥山忠信　著
李　菁　译

经济科学出版社出版、发行　新华书店经销
社址：北京市海淀区阜成路甲 28 号　邮编：100142
总编部电话：010-88191217　发行部电话：010-88191522
网址：www.esp.com.cn
电子邮件：esp@esp.com.cn
天猫网店：经济科学出版社旗舰店
网址：http://jjkxcbs.tmall.com
北京季蜂印刷有限公司印装
710×1000　16 开　14 印张　200000 字
2020 年 11 月第 1 版　2020 年 11 月第 1 次印刷
ISBN 978-7-5218-0935-0　定价：65.00 元
（图书出现印装问题，本社负责调换。电话：010-88191510）
（版权所有　侵权必究　打击盗版　举报热线：010-88191661
QQ：2242791300　　营销中心电话：010-88191537
电子邮箱：dbts@esp.com.cn）

译者序

托马斯·皮凯蒂在2014年出版的《21世纪资本论》一书中，通过大量的历史数据分析，对欧美国家的财富收入做了详尽探究，证明近几十年来，贫富差距不断扩大，已经成为一个严峻的现实问题。他认为资本主义正倒退回"承袭制资本主义"时代，因此应该在全球范围内利用遗产税、累进税和全球财富税来解决财富和权力集中的问题，以此消除财富和收入的不平等趋势。此书一经出版，便在世界范围内掀起了一股"皮凯蒂热潮"。布兰科·米兰诺维奇（Branko Milanovic）称它是"经济思想史上具有分水岭意义的著作之一。"保罗·克鲁格曼则盛赞它是"本年度最重要的经济学著作，甚或是这个10年最重要的一本书。"[1] 当然，皮凯蒂的观点也令自由主义者义愤填膺，更让《华尔街日报》怒不可遏，遭到了他们的反驳和批判。国内外学者和媒体围绕皮凯蒂的著作发表了大量的评论。

日本马克思主义经济学家、埼玉学园大学教授奥山忠信出版的《贫困与收入差距——皮凯蒂与马克思的对话》在日本一经面世，立

---

[1] 史蒂芬·厄兰格：《与亚当·斯密和马克思较量的皮克提及〈21世纪资本论〉》，纽约时报中文网，2014年5月4日。

贫困与收入差距
——皮凯蒂与马克思的对话

即成为畅销书。该书以"皮凯蒂与马克思的对话"作为副标题，令人耳目一新。他对皮凯蒂的主要观点进行分析，并发表相关的评论意见。奥山教授以皮凯蒂、马克思的视角分析了当今的收入差距以及贫困问题，并阐述了长期困扰日本经济发展的主要因素，他指出"日本经济受泡沫经济破灭和1997年亚洲金融危机的双重打击，陷入长期停滞状态，这在发达国家中是极为罕见的。"奥山教授不仅运用皮凯蒂的观点对安倍经济学进行了批判，还运用马克思的观点进行了深入剖析，他认为"皮凯蒂对贫富差距的批判只是针对富人阶层"，而"研究日本两极分化问题，必须关注贫困阶层。"奥山教授进而得出"日本工资低下导致消费需求不足，投资萎缩，造成日本经济呈现出螺旋式下降趋势"的结论。日本经济长期低迷，政府财政出现巨额赤字，为弥补赤字，政府发行国债，如今债台高筑的日本政府，随时面临破产的可能，财政破产势必导致经济崩溃。奥山教授在书中指出，日本企业为了确保利润，在降低工资的同时，还提高了劳动强度，"日本工人的生存状态持续恶化。低工资、长时间工作以及苛刻的劳动条件都已经常态化"，他强调"长时间劳动导致过劳死和黑心企业恶劣的工作体制正在成为社会问题。"奥山教授更是一针见血地指出日本的真实情况是已经倒退为工厂法出台之前的状态，将资本主义的野蛮一面暴露无遗。他期待着日本国内能够出现敢于直面日本现实、抑制个人私欲、代表工人利益的执政党以及强而有力的工会，以此改变日本国内的劳动问题。

　　从奥山教授的书中，我们了解到发达资本主义国家日本进入21

译者序

世纪以来，收入和财富分配不平等呈现出与19世纪相似的两极分化情形。如何解释这样一个事实和新的现象，正是此书的主题。随着奥山教授运用马克思经典理论的深入分析，发达资本主义国家日本内部的深层次矛盾清晰地展现在大家面前，一味奉行新自由主义使日本经济濒临崩溃边缘。奥山教授希望日本政府能够正视并努力化解收入分配和财富占有方面存在的严重问题。奥山教授对收入和财富分配的不平等和两极分化现象的高度重视，对于中国来说具有十分重要的现实意义。中国自改革开放以来，大力发展市场经济，但是在此过程中我们盲目崇拜西方主流经济学，新自由主义思想渗透到各个领域。尽管改革开放取得了举世瞩目的成就，但是也不可否认中国国内的收入分配和财富占有的两极分化情况也较为严重。奥山教授的学术成果对于我们深入认识新自由主义的局限性和弊端，改善国内收入分配和财富占有不均现象，具有极大的启发和借鉴意义。

我与奥山教授相识于2006年，当时他作为南开大学经济学院的客座教授来南开大学举办讲座，硕士在读的我有幸负责接待工作，又机缘巧合地成为奥山教授的学术翻译。奥山教授对我的翻译工作表示满意，自此我在学术方面与教授多有交流且受益匪浅。奥山教授多次到中国进行学术交流，对中国有着特殊的感情，他希望能够将自己的著作翻译成中文，以便与中国学者进行学术探讨。受奥山教授之托，我担任著作的翻译工作，本书在翻译风格上讲求忠实原著风格，在能够说明清楚的情况下宁可减少文采也要尽可能传达作者的原意。

最后，我要特别感谢南开大学张仁德教授，耄耋之年的张教授对译稿逐字逐句进行推敲并提出修改意见；感谢天津师范大学丁为民教授的悉心指点；感谢东方证券研究所研究员薛俊先生的鼎力支持；感谢中国特色社会主义经济建设协同创新中心的大力协助；感谢经济科学出版社的热心帮助，使译著得以顺利出版。

李　菁

2019 年 8 月

剖析皮凯蒂的核心思想
探索当今超级资本主义的演变方向

  托马斯·皮凯蒂的 Capital in the Twenty-First Century 日文版在日本发行已有两年。当年著作出版后曾一度在国内引发热议，但是现如今已经极少能从媒体上看到关于皮凯蒂的相关报道了，当我正在思考该如何评价皮凯蒂的时候，有幸拜读了这本书。因为鄙人对皮凯蒂的观点研究不深，因此，为此书撰写书评实有不妥。从书名以及副标题来看，作者抓住了皮凯蒂思想的核心，在详细论述皮凯蒂观点的基础上，深刻剖析了其核心思想。

  "皮凯蒂所说的资本不仅仅是企业的资产。""能够产生收益的资产都被称为'资本'。""由于扩大了资本的概念范畴，使得有产者和无产者之间的矛盾更加突出。不仅如此，现代社会收入分配不公也不合理。"

  皮凯蒂没有像马克思那样分析资本家与工人之间的生产关系，他的创新性在于以收入（资本）分配为视角运用大量数据分析当今世界收入分配不公问题。

  曾经，我们为了增加中产阶级的收入，提出了"一亿人皆中产"

的口号，产生了资本主义社会正朝着福利国家转变的错觉。但是，这一切幻想在泡沫破灭后都烟消云散了。日本现在出现了皮凯蒂现象即两极分化，作者曾在书中谈及皮凯蒂发出的警告"前10%的富人收入占国民收入的比重达到35%，未来将会达到45%"。因此，皮凯蒂提议要"恢复征收累进所得税"并"向富人征收资本税"，即对财富进行再分配。

"按照皮凯蒂的分析，当前很多人都拥有资产。不过，富人和穷人拥有的资产差距极大，这并不是劳动所得的差距。皮凯蒂提出征收'资本税'属于富人税，其目的是缩小贫富差距、提高透明度。""皮凯蒂和马克思针对贫困和收入差距问题提供了大量丰富的分析工具。毋庸置疑，现在的日本经济毫无前景可言……本来实体经济就不景气。再加上贫富差距、财政赤字和经济低增长等问题，使得日本经济雪上加霜……日本正处于崩溃危机之中。用最正统的手段解决问题已绝无可能。"

本人原本赞同皮凯蒂的分析以及他关于税收的提案，但是受到作者的影响，不得不开始思考皮凯蒂理论存在的缺陷。因为即使构建了均等或平等的税收体系，也未必能够缩小收入差距、消除两极分化。正如书中"货币之谜"那一章所言，在多样化经济体系不断扩大的情况下，把货币（美元）视为交换价值的象征存在一定的局限性。应该看到国家（政府、行政机构）对经济已经实行了全方位的管理和控制。然而，现状却是无论是否对富人征收重税都无法消除两极分化。作者指出日本经济的现状就是国家陷入衰退境地，可以说，在政治意义上，国家（政府、行政机构）依然存在，但是涉及经济领域，国家早已不再发挥作用。我们认为这是一种矛盾状态。

"马克思把资本主义当作历史发展的一个阶段。这意味着，他在一定时期形成，在一定时期终结。人类不受商品、货币、资本的左右，能够控制经济的社会终将到来。这就是马克思所说的社会主义社会。"

不知从何时开始，世界上的发达资本主义国家已经演变成为超级资本主义社会。从这个意义上讲，马克思提出的资本主义社会早已解体。谁也无法想象现在的超级资本主义社会将会演变到何种地步。

我梦想着未来社会是反资本主义的、"人类不受商品、货币、资本的左右"，至今仍在期待着这样的社会早日到来。

皆川勤

2016 年 11 月 26 日

引自《图书新闻》

前　言

本书利用托马斯·皮凯蒂（Thomas Piketty，1971-）和卡尔·马克思（Karl Marx，1818-1883）的收入分配理论来分析当前日本经济的现状。皮凯蒂在《21世纪资本论》中深刻分析了收入分配不公这一社会现象，引起世人的关注。

皮凯蒂在研究马克思《资本论》（第一版，1867）的基础上撰写了《21世纪资本论》。马克思生于19世纪，皮凯蒂生于20世纪，两人的共同点就是研究所处时代资本主义的演变。

皮凯蒂认为，21世纪的资本主义与19世纪一样，存在两极分化。他使用大量数据证明，从第一次世界大战开始到冷战结束的资本主义时代是一段特殊时期。

在20世纪这个特殊时期，资本主义实现自由与平等。然而，21世纪的资本主义又再次回归到19世纪资本主义的状态，马克思所描述的"剥削"普遍存在。

不过，马克思与皮凯蒂关于资本家的本质分析存在差异。马克思认为自己从事经营活动的人就是资本家；皮凯蒂提出的资本家概念范围更为广泛，甚至还包括从事股票、债券、土地和房地产租赁运营活动的人，也就是，将资产家也纳入了资本家范畴。

他指出，拥有资产不劳动的资本家日益富有，辛勤劳动的工人日益贫困，导致21世纪贫富差距不断加大。

皮凯蒂的理论预示着悲观的结果，低经济增长率国家的资本家将越来越富，劳动者的财富越来越少。发达国家的经济增长率处于低位，其中，日本的经济增长率尤其低迷。在过去20年间，日本的实际经济增长率均值不足0.8%（内阁府统计）。假设皮凯蒂的理论是正确的，那么，从今以后，日本国内贫富差距将会急剧扩大。

皮凯蒂在法国的报纸上发表评论，指出欧洲人认为日本是一个令人难以理解的国家。欧洲人认为日本的负债量相当于GDP的两倍，濒临破产，但是日本人对此却视而不见，实在是令人匪夷所思。

日本经济接连出现奇怪现象。与安倍经济学一脉相承，日本国内股价急剧上涨，股票市值甚至超越泡沫经济时期的市值。而且，上市公司的利润连续两年达到历史最高点。国内媒体纷纷报道日本经济已经复苏。

资本主义经济增长是常态。国际货币基金组织（IMF）2014年预测188个国家的平均实际经济增长率为3.39%。但是，日本2014年度实际经济增长率为-1.0%。

此外，2014年日本年工资增长率为-3%，是历史下降幅度最大的年份。股价和企业利润上升的同时，经济却持续低迷、实际工资下降。以安倍经济学为目标的2014年度的经济数据恰好印证了皮凯蒂的观点。

前言

日本媒体完全没有关注这些下滑的数据。难道对问题视而不见是当今日本人的个性吗？他们把股价和企业的高利润及国民经济低迷、实际工资下降都归结为安倍经济学第一支箭——量化宽松的效果。其目标是在两年内货币量增加1倍，物价提高2%。然而，货币量增加了1倍，物价却完全没有上涨，经济依然低迷。

2015年度的统计数据也是如此。由于国民需求不足，经济增长率将仍然维持在0左右。

皮凯蒂再次警告说，马克思认为19世纪是经济增长与经济危机并存的时代，在此期间，产生了资本家与工人之间的阶级对立。马克思指出引发经济危机的多种原因，其中之一就是由于资本家过度剥削，造成工人工资下降，商品滞销，从而引发经济危机。马克思的理论分析也适用于当下，当前日本经济持续低迷就是消费严重不足所致。

日本泡沫经济时期，全世界都仰慕日本经济的高速发展和日本的经营模式。然而，随着经济泡沫的破裂，日本经济迅速跌入谷底，陷入由于长期通货紧缩所带来的经济停滞，此时全世界又像看一辆侧翻于阴沟的车一样，用惊异的目光审视日本，发现也不仅仅它是例外。

当前，世界经济缺少公正廉洁的生产秩序，如德国大众汽车尾气检测造假丑闻、日本东芝账目造假丑闻，与不公正相比，资本主义经济自身的腐败更令人震惊。

世界经济持续低迷，日本经济增长乏力，同时日本国内两极分化和贫困化问题还在日益加剧。自泡沫经济破灭以来，日本经济就陷入经济停滞的泥潭而无法自拔。

本书从皮凯蒂和马克思的分析视角，探讨通货紧缩的发达国家——日本的经济发展现状。

此外，本书所引用的皮凯蒂《21世纪资本论》相关的数据只标记日译版（みすず书屋，2014年）页数。

目 录

第一章 两极分化的时代

特殊的时代   2
掌握"U"型曲线的秘密   3
皮凯蒂的资本家   7
贫富差距扩大   8
最富有的1%   13
富豪、承袭   16
资本主义的道德   19
皮凯蒂的建议   20

第二章 解读 r>g

r>g的咒语   26
从历史角度看r>g   29
详论r>g   31
r<g?   34
分配问题回归成为经济学中心   37
第一基本定律 $\alpha = r \times \beta$ 39

　　　　　资本与收入比 β　　　　　　　　　　　　　　　42
　　　　　第二基本定律 β=s/g　　　　　　　　　　　　45

第三章　皮凯蒂与马克思——马克思的反论
　　　　　资本"论"问题　　　　　　　　　　　　　　50
　　　　　皮凯蒂眼中陈旧的马克思理论　　　　　　　　52
　　　　　不劳而获的人、马克思与皮凯蒂　　　　　　　54
　　　　　皮凯蒂的马克思　　　　　　　　　　　　　　55
　　　　　皮凯蒂的误解——生产力　　　　　　　　　　57
　　　　　马克思的资本主义　　　　　　　　　　　　　59
　　　　　自由、平等但是剥削　　　　　　　　　　　　61
　　　　　《资本论》的预言　　　　　　　　　　　　　65
　　　　　专栏：价值论、150年的鸿沟　　　　　　　　68

第四章　不可理解的国家——日本
　　　　　不可思议、谁都不担心　　　　　　　　　　　74
　　　　　日本的泡沫　　　　　　　　　　　　　　　　81
　　　　　新殖民地的支配？　　　　　　　　　　　　　83
　　　　　作为泡沫理论的 β=s/g　　　　　　　　　　85
　　　　　低增长和人口下降　　　　　　　　　　　　　88
　　　　　皮凯蒂视角下的日本富人阶层　　　　　　　　91

第五章　用皮凯蒂和马克思的观点解读安倍经济学
　　　　　安倍经济学的圈套　　　　　　　　　　　　　96

小麦之国		100
增长与管制		102
安倍经济学的经济思想		106
安倍经济学第一支箭的效果		110

第六章　货币之谜

黄金与纸币	116
金本位制	119
哥伦布神话	122
货币数量论	124
MV=PT	128
批判古典学派的货币数量论	130
货币的职能	134

第七章　日本经济的皮凯蒂现象

日本的贫困问题	138
非正规雇佣的增加	144
非正规雇佣和女性就业问题	147
工资的变化	149
日本的富人阶层	152
低迷的日本经济	154

第八章　对日本经济的建议

通货紧缩是货币现象吗？	158

"贫困"的富裕阶层	160
浮动汇率制与日本	163
来自工资的重创	168
国债是导致危机的最大原因	171
执政者	173

第九章　我死后哪怕洪水滔天

日本经济——繁荣与衰退	176
关于人口论的评论	178
关于投资停滞的评论	180
回归到工厂法实施以前	182
资本家与工人	184
关于工作日的斗争	187
劳动时间原理	191
工人的展望	192

索引（中日对照）	194
参考文献	201
后记	203

第一章
两极分化的时代

特殊的时代

20世纪六七十年代，资本主义实现充分就业和福利社会，被称为资本主义的黄金时代。皮凯蒂最大的贡献就是基于大量历史数据，打破了人们的幻想，证明了资本主义只有自由没有平等。

对于日本那些出生于"婴儿潮"时代的人们而言，有一种被欺骗的感觉。而且有同样想法的，不仅限于"婴儿潮"时代的人们。日本曾经提出"一亿人皆中产""一个都不掉队"的口号，人们更是将日本与"社会主义"相提并论，企业实行年功序列和终身雇佣，员工以企业为家，彼此之间如同家人一般和睦相处。然而，贫富差距却不知不觉地扩大了。实际上，日本根本就不是一个平等社会，只不过是人们被假象所蒙蔽产生的错觉而已。

两次世界大战和冷战时期，被皮凯蒂视为特殊的时代，皮凯蒂不仅通过大量历史数据证明了这段时期的特殊性，而且还打破了资本主义制度能够实现公平的幻想，证明了资本主义的本质导致了两极分化。在此，皮凯蒂对21世纪资本主义两极分化分析的观点与马克思的资本主义阶级观点紧密结合在一起。

第一章
两极分化的时代

◇

掌握"U"型曲线的秘密

关于两极分化,在皮凯蒂学说中有两个最具代表性的图表。一个是收入差距图,另一个是资本与国民收入比率图。

在本章,首先探讨的是皮凯蒂关于收入差距的研究。图1-1是皮凯蒂在书中使用的第一幅图。

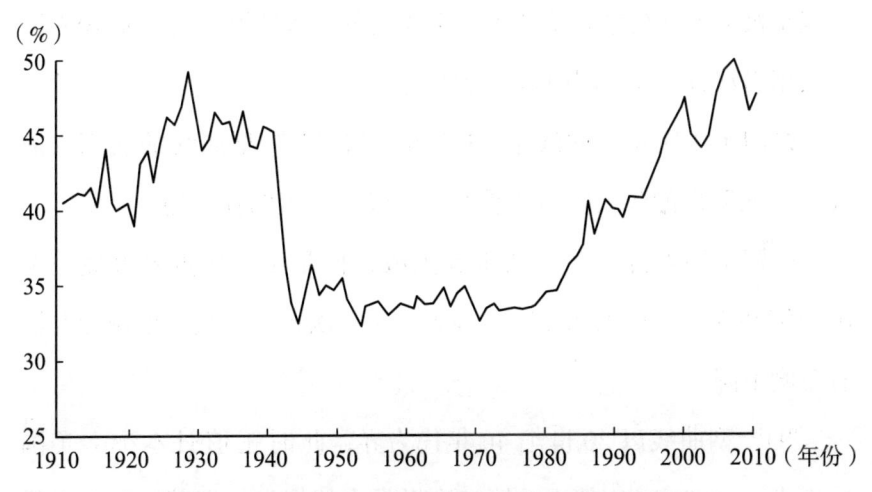

图1-1 1910~2010年美国收入差距(前10%富人阶层收入占国民收入的比例)

注:本书使用的图与表均来源于《21世纪资本论》①公布的数据。
资料来源:http://piketty.pse.ens.fr/capital21c。

---

① 托马斯·皮凯蒂:『21世紀の資本』,みすず書房2014年版。本书在中国译为《21世纪资本论》,中信出版社2014年版。

贫困与收入差距
——皮凯蒂与马克思的对话

图 1-1 显示出美国前 10% 富人阶层的收入占国民收入的百分比，这是表示收入差距最重要的指标。这幅图反映出美国收入分配的不公。

皮凯蒂将前 10% 富人阶层的收入占国民收入的百分比作为衡量收入差距的基本指标。一般来说，我们把前 10% 称为富人阶层，但是美国的富人阶层与日本、德国、法国的富人阶层存在差异。美国前 10% 中位于最底线的富人收入相当于其他国家的两倍。

如图 1-1 所示，在 21 世纪，美国前 10% 的富人占有一半的国民收入，10% 的人占有 10% 的收入是公平的，但是占有 50% 的收入就是极大的不公平。从图 1-1 中我们可以清楚地看出，前 10% 的富人相当富有，表明国内贫富差距极大。[①]

如图 1-1 所示，曲线呈"U"型，在"U"型曲线的底部，前 10% 富人阶层的收入所占比重有所下降，这表明社会趋于平等。

尽管美国参加了第一次世界大战，但是第一次世界大战对美国经济并未产生巨大的影响，因为在第一次世界大战时期图形并没有急剧下降。

"U"型曲线以 20 世纪 40 年代为界，此时正值日本突袭美国珍珠港（1941 年）。然而，第二次世界大战爆发初期美国好像无暇参战。而从 1941 年开始曲线快速下降，富人阶层的财富急剧减少。因为在此期间美国实行战时体制，对富人阶层征收重税，削减了富

---

① 皮凯蒂又先后把前 1%、前 0.1% 富人阶层定义为最富阶层和超富裕阶层，分别画出两幅图。

第一章
两极分化的时代

人资产。从此,前 10% 富人收入占国民收入的比重不断下降。可以说,这是资本主义最平等的时期。

第二次世界大战结束之后,美国、苏联两大阵营对峙,拉开了冷战的序幕。冷战期间,资本主义依然以充分就业、福利社会为目标,工人阶级的生存环境得以改善。

这种倾向一直持续到 20 世纪 70 年代末。然而,进入 80 年代,曲线开始急剧上升,进入 21 世纪以后,前 10% 的富人阶层占有将近一半的国民收入。20 世纪 80 年代以保守政治思想和市场主义经济政策为主导,1989 年柏林墙倒塌,苏联解体,标志着冷战时期结束。冷战结束正是导致两极分化社会出现的要因。

以上就是皮凯蒂提出的两极分化社会存在的最主要的问题。

库兹涅茨(Simon Smith Kuznets,1901-1985,1971 年获诺贝尔经济学奖)主张用前 10% 富人阶层收入占国民收入的比重这个指标分析资本主义社会的公平程度。冷战时期,该指标显示资本主义社会的贫富差距有所改善。

如皮凯蒂所言,库兹涅茨认为冷战是两大意识形态之间的斗争,虽然以苏联为首的东欧社会主义国家以实现"平等"为目标,但是还有很多人穿越柏林墙。

资本主义各国高举"自由"大旗,却在国内形成资本家与工人两大对抗阶级。库兹涅茨在研究中指出,资本主义国内贫富差距得以缓和,正是对冷战时期两大意识形态对抗起积极作用的强有力的政治武器。

皮凯蒂采用库兹涅茨的研究方法得出了不同的结论。库兹涅茨的数据是从第一次世界大战开始持续到第二次世界大战结束，皮凯蒂把数据向前、向后延伸，画出了"U"型曲线。正是"U"型曲线表明库兹涅茨所说的资本主义分配趋于公平化只不过是一个"特殊的时期"。"U"型曲线的左右两端表示资本主义的倒退。

因此，"U"型曲线的底部就是"特殊时期"。两次世界大战和冷战一结束，这个"特殊时期"就立刻终结，资本主义贫富差距不断扩大。这就是皮凯蒂指出的两极分化问题中最重要之处，两极分化一直持续至今。皮凯蒂认为资本主义就是产生两极分化的经济系统，贫富差距扩大就是资本主义的本质。

第一章
两极分化的时代

◇

皮凯蒂的资本家

皮凯蒂警告的另一个对象是资本家。皮凯蒂在《21世纪资本论》中提到的"资本"与常用的"资本"概念不同。经济学家们对皮凯蒂提出的"资本"概念存在困惑。

经济学教科书上对"资本"的定义是"厂房、机器设备等生产资料",不包括股票、债券等金融资产。机器就是资本的典型代表。

但是,皮凯蒂的"资本"不仅包括企业的厂房、机器设备,还包括企业、个人持有的股票、债券、能获取租金的房地产,甚至还包括自己出租自有房产,即能够产生收益的资产都被称为"资本"。[①]

对资本的这种独特理解方式,是皮凯蒂理论最为重要的观点。由于扩大了资本的概念范畴,使得有产者和无产者之间的矛盾更加突出。不仅如此,现代社会收入分配不公也不合理。皮凯蒂的资本家概念中包含了个人资产家,而资产家的收入不是劳动、能力的报酬,而是不劳而获的所得。

---

① 法国经济学先驱重农主义把投入后能带来利润的价值称为资本。尤其是著名经济学家、法国大革命前任财政大臣杜尔哥(Anne Robert Jacques Turgot, Baron de Laune, 1727-1781)用"资本"(capital)这个词表示带来利润的价值。

贫富差距扩大

以下三幅图依据皮凯蒂的数据绘制而成。

图1-2为劳动收入差距。皮凯蒂将劳动收入差距小的社会定义为低度不平等社会，把20世纪70~80年代的北欧斯堪的纳维亚国家视为典型代表，而这些国家都是北欧的高福利国家。将劳动收入差距适中的社会定义为中度不平等社会，其典型代表是2010年的欧洲。

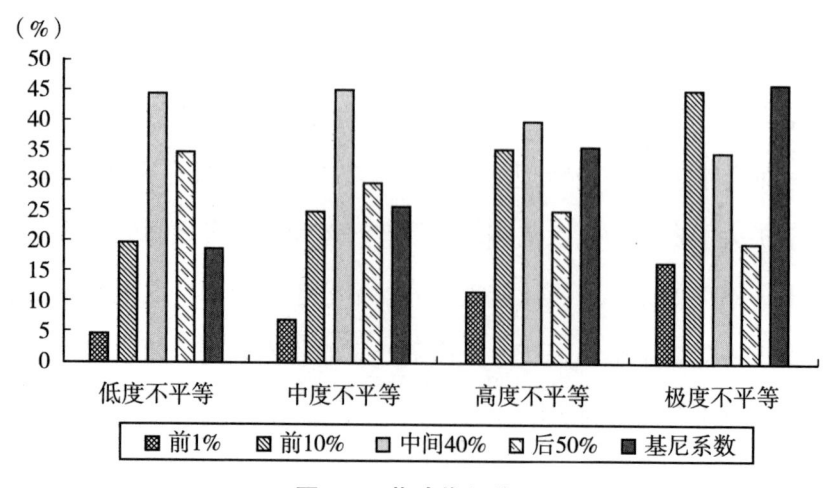

图1-2 劳动收入差距

注：基尼系数位于0和1之间，表示收入差距，越接近于0表示收入分配越公平，越接近1表示收入分配越不公平。但是，在图中，由于标记原因，基尼系数显示为100倍。图1-3、图1-4也如此处理。

资料来源：笔者根据相关数据绘制而成，http://piketty.pse.ens.fr/capital21c。

第一章 两极分化的时代

将劳动收入差距显著的社会定义为高度不平等社会，2010年的美国就是高度不平等社会的代表，皮凯蒂甚至预测2030年的美国将步入极度不平等社会的行列。

就劳动收入而言，在20世纪70~80年代的北欧斯堪的纳维亚国家，除了前1%的最富阶层收入占国民收入的5%以外，收入分配比较公平。皮凯蒂指出前10%的富人阶层，其收入占国民收入的比重也仅有20%。而高度不平等的美国，前10%的富人阶层收入占国民收入的比重达到35%，未来将会达到45%，皮凯蒂认为美国将成为极度不平等国家。甚至预测2030年美国收入差距将进一步扩大，前1%的最富阶层收入占比将会达到17%。

图1-3为资本分配差距，数据是资本分配所占比例。皮凯蒂认为，资本所有的差距是财富差距和承袭制资本主义的基本形态。因

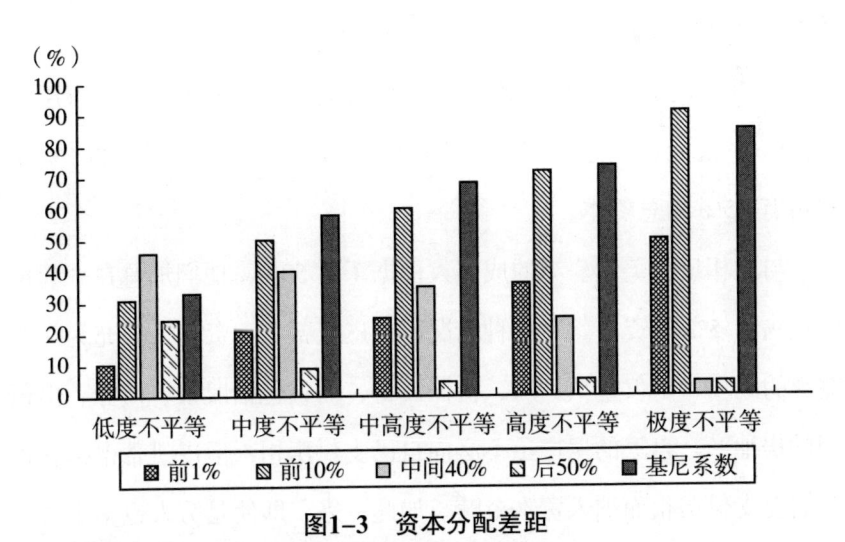

图1-3 资本分配差距

资料来源：笔者根据相关数据绘制而成，http://piketty.pse.ens.fr/capital21c。

贫困与收入差距
——皮凯蒂与马克思的对话

为皮凯蒂定义的"资本"包括运营的个人资产，还包括股票和债券，所以图 1–3 显示出令人惊叹的资本分配差距。

想必皮凯蒂最关注图 1–3，他对社会的区分也是极为巧妙的。他认为图 1–3 中的资本分配低度不平等的社会是前所未有的理想社会。

低度不平等社会是 20 世纪 70~80 年代斯堪的纳维亚国家，这些北欧国家是皮凯蒂心中理想的社会。中度不平等社会是 2010 年的欧洲，高度不平等社会是 2010 年的美国，极度不平等社会不是未来的美国，而是 1910 年的欧洲。1910 年的欧洲是 19 世纪贫富两极分化的社会结果。因为在图 1–2 和图 1–4 中，极度不平等社会的典型代表都是 2030 年的美国，因此人们也就错误地认为在图 1–3 中极度不平等社会的典型代表依然包括 2030 年的美国，只不过是 1910 年的欧洲与 2030 年的美国图形重叠在一起而已。

2010 年的美国作为高度不平等社会的代表，前 10% 富人阶层占有 70% 的总资本，这是多么令人震惊的数字！而且最富有的 1% 竟然占有 35% 的总资本。

与此相反，美国一半的成年人占据了后 50%，他们加总在一起也仅仅占有 5% 的资本。在这种情况下，皮凯蒂将"资本"扩充为一个宽泛的范畴，不仅包括厂房、机器设备，而且包括股票、债券、出租用的房地产。自家的房产虽不必向自己支付房租，但皮凯蒂也把它视为需要支付房租而纳入资本范畴。如此一来，即使是穷人也多少会有一些资本。基于上述考虑制成统计表，绘制出表示分配差距的图表。

第一章
两极分化的时代

而在低度不平等的理想社会中，40%的中产阶层拥有45%的资本。

在极度不平等的1910年的欧洲，前10%的富人阶层占有90%的资本，前1%的最富阶层占有50%的资本。我们真的可以用过去的数据对未来发出警告吗？

2010年美国资本分配的基尼系数[①]为0.73，1910年的欧洲作为极度不平等的社会，其基尼系数为0.85。皮凯蒂用这些数据对未来发出了警告。

图1-4表示劳动收入和资本收益之和的分配差距，是劳动收入和资本收益的合计。资本收益与图1-3中的股票分配不同。图1-4的资本收益不是指股票本身，而是指股票分红。

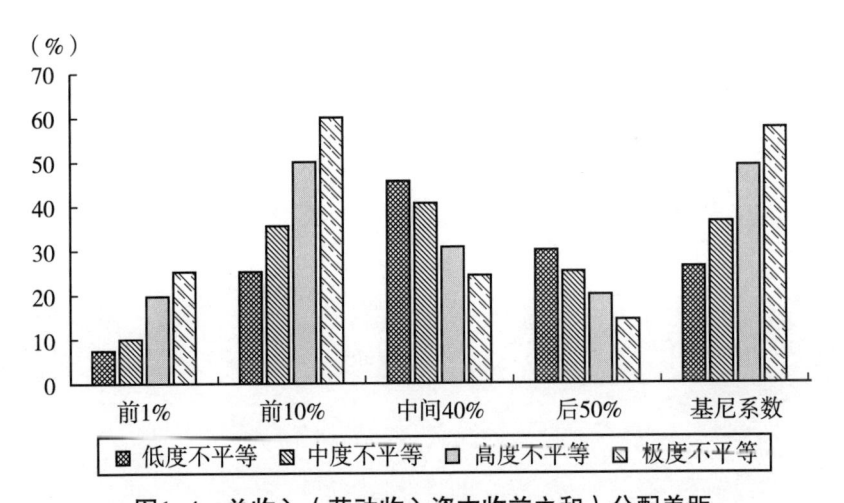

图1-4 总收入（劳动收入资本收益之和）分配差距

资料来源：笔者根据相关数据绘制而成，http://piketty.pse.ens.fr/capital21c。

---

① 如书中图1-2注所示。

如图 1-4 所示，2010 年美国前 10% 的富人阶层，其总收入占 50%，推测 2030 年的美国将会达到 60%。从基尼系数来看，2010 年美国劳动收入的基尼系数是 0.36（见图 1-2），资本分配是 0.73（见图 1-3），总收入是 0.49。据此推算，2030 年的美国，劳动收入的基尼系数是 0.46（见图 1-2），资本分配是 0.85（见图 1-3），总收入是 0.58。可见，资本分配是最不公平的，分配不公的原因取决于资本的持有量。

第一章
两极分化的时代

◇

最富有的 1%

下面我们来看一下富人阶层。图 1-5 把美国前 10% 的富人阶层分成 1%、1%~5%、5%~10% 三部分，表示他们各自占国民收入的比重。

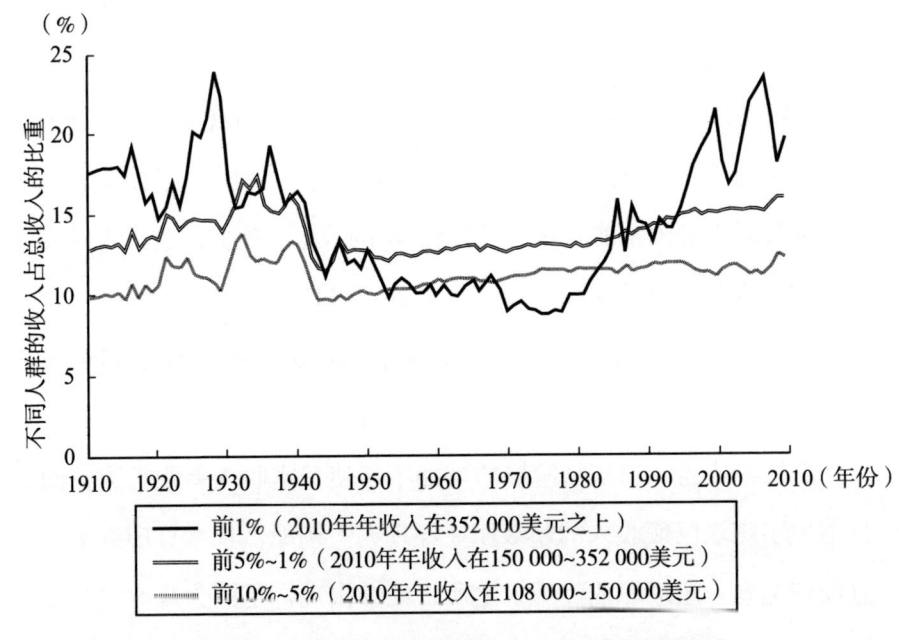

图1-5　1910~2010年美国前10%富人阶层的构成

资料来源：http://piketty.pse.ens.fr/capital21c。

在图 1-5 中，显示图 1-1 所示的"U"型曲线在 20 世纪 80 年代后急剧上升，即贫富差距扩大，实际上，这是由于最富有的前 1%

的富人收入增加所致。至少在美国，贫富差距的扩大，与其说是前10%富人阶层收入增加导致的，不如说是最富有的前1%的富人阶层一手造成的。

World Top Income Data Base（以下简称"WTID"）[①]公布的有关贫富差距的数据就是按照皮凯蒂的方法统计得出的。

2010年前10%的富人阶层年最低收入为115 000美元，前1%的最富阶层年收入为370 000美元。2010年美元兑日元的汇率是1:90，那么前10%的富人阶层年收入相当于1 035万日元，前1%的最富阶层年收入相当于3 330万日元。

皮凯蒂假设前1%为最富阶层，将前1%称为超富裕阶层，即为图1-6中前0.1%的数据。图1-6是美国、英国、加拿大、澳大利亚等盎格鲁撒克逊国家前0.1%超富裕阶层的数据。他们的收入占国民收入的比重自1980年后迅速上升，呈现为"U"型曲线。

尤其是美国的超富裕阶层增长显著，2010年前0.1%超富裕阶层的年收入为142万美元，折合1.278亿日元。

皮凯蒂认为，超富裕阶层的增加不仅使资本收入差距扩大，而且催生了赚取巨额收入的超级职业经理人。例如，日本日产汽车的总经理戈恩。超级职业经理人之所以能够出现，是因为政府实行了缓和的累进税制，有利于高收入者阶层，并增强了其决定自己薪酬的能力。

---

① http://top incomes.parisschoolofeconomics.eu.

第一章
两极分化的时代

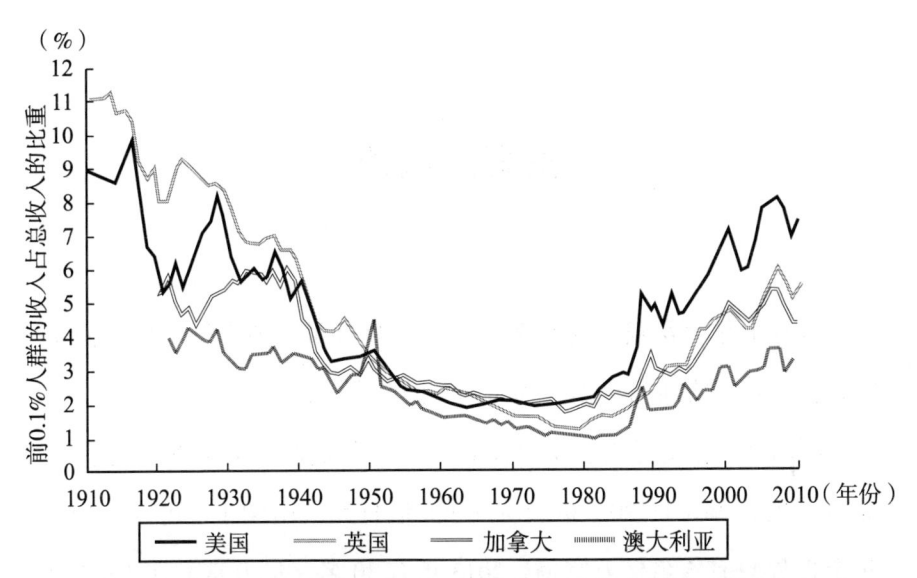

图1-6　1910~2010年盎格鲁撒克逊国家前0.1%超富裕阶层的收入比重
资料来源：http://piketty.pse.ens.fr/capital21c。

　　皮凯蒂认为超级职业经理人的高额薪酬与他们的个人能力无关。尽管皮凯蒂提出了更为宽泛的资本范畴，但是并未把人力资本列入其中。他认为与其说人力资本与薪酬密切相关，不如说是取决于命运和继承遗产的多少。史蒂夫·乔布斯与比尔·盖茨相比有过之而无不及，他的财富当之无愧。[①]

---

① 托马斯·皮凯蒂：『21世紀の資本』，みすず書房2014年版，第454页。

富豪、承袭

世界上亿万富翁到底有多少呢？《福布斯》杂志每年都会公布富豪排名榜。皮凯蒂根据《福布斯》的数据绘制了图1-7。

所谓亿万富翁是指至少拥有10亿美元的资产，按照2013年美元兑日元的汇率（1:120）折合为1 200亿日元。由图1-7可知，1987年全世界只有5名亿万富翁，2013年有30名。亿万富翁在1987年

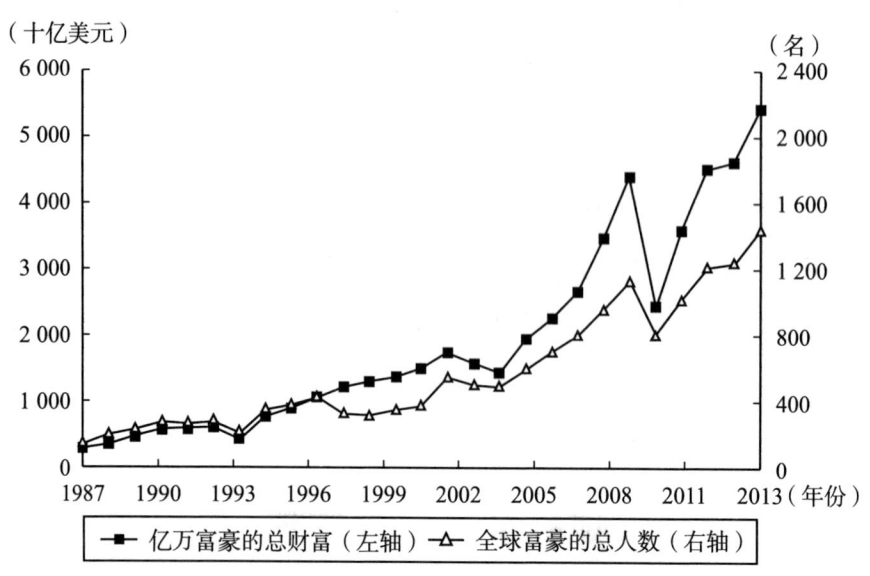

图1-7　1987~2013年《福布斯》亿万富豪排行榜

资料来源：http://piketty.pse.ens.fr/capital21c。

第一章 两极分化的时代

仅占有世界财富的 0.4%，2013 年占有 1.5%。总资产从 3 000 亿美元增加到 54 000 亿美元。富人越来越富有，支配着劳动者的财富。

富人阶层继承财产，继承者从出生就过着寄生生活。图 1-8 表示法国、英国、德国每年继承、赠与财产占国民收入的比重。

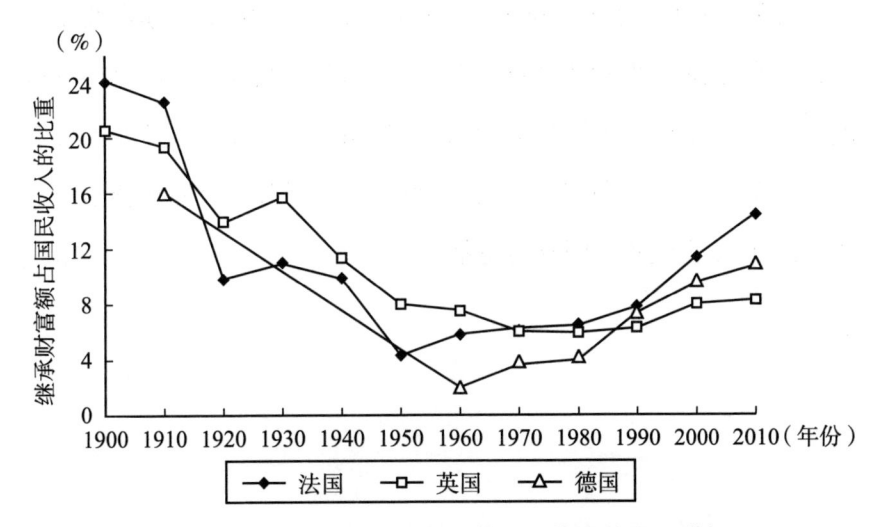

图1-8　1900~2010年法国、英国、德国继承、赠与财富额占国民收入的比重

资料来源：http://piketty.pse.ens.fr/capital21c。

皮凯蒂认为法国的数据可信性高。1900 年法国继承与赠与的资产总额约占国民收入的 1/4。巨额占比显示出承袭家族的实力。但是，从第一次世界大战开始急剧下降，1950 年占 4%~5%，基本没有任何意义。巨额占比从 1980 年开始上升，2010 年达到 15%，相当于 1950 年的 4 倍，这意味着承袭制资本主义的复活。

德国是第一次世界大战和第二次世界大战的战败国，战争对其影响较大，因此，德国的曲线下降比法国更快。不过，1980年以后德国承袭能力迅速复活。英国曲线的下降不如法国、德国那样迅速，第一次世界大战时一度下降，战后恢复，第二次世界大战时又再次下降一直持续到1990年，与法国、德国相比恢复更为缓慢。

然而，法国、德国、英国三国都是"U"型曲线，只是曲线变化略有差异，数据表明承袭制资本主义已经复活。皮凯蒂指出，比尔·盖茨从一个凭借个人能力获得丰厚回报的超级职业经理人转变为大资产家，而且，通过财产继承方式，形成世代不劳而获的承袭制资本主义，是21世纪资本固有的现象。

第一章
两极分化的时代

资本主义的道德

皮凯蒂在《21世纪资本论》的开篇引用了法国《人权宣言》(1789年)中的论述。

"在权利方面,人们与生俱来而且始终是自由平等。非基于公共福祉不得建立社会差异。"①

皮凯蒂认为,因能力和个人努力程度的差异造成收入差距是理所应当的,这是按照对社会的贡献进行分配,实现公共福祉。然而,由于继承财产导致收入差距,对于增进公共福祉是毫无意义的。

所谓公平,包括起点公平和结果公平。若拘泥于结果公平就会忽视个人能力和努力的贡献。皮凯蒂批判承袭制,因起点不公平就不可能实现结果公平。

---

① 托马斯·皮凯蒂:『21世紀の資本』,みすず书屋2014年版,第1页。

皮凯蒂的建议

皮凯蒂提出两个缩小贫富差距的建议。第一个建议是继续实行累进税制。累进税制是基于"劫富济贫"提高社会整体幸福度思想的背景提出的。在战争时期，为了确保国家税收，政府大力推行累进税制，而且它与冷战时期建立福利国家的理念相吻合。但是，随着经济政策从福利国家向市场竞争转变，累进税制因为会抑制追逐利润的积极性而被政府重新修订。

图 1-9 表示所得税最高税率的变化趋势，这是皮凯蒂提供的资

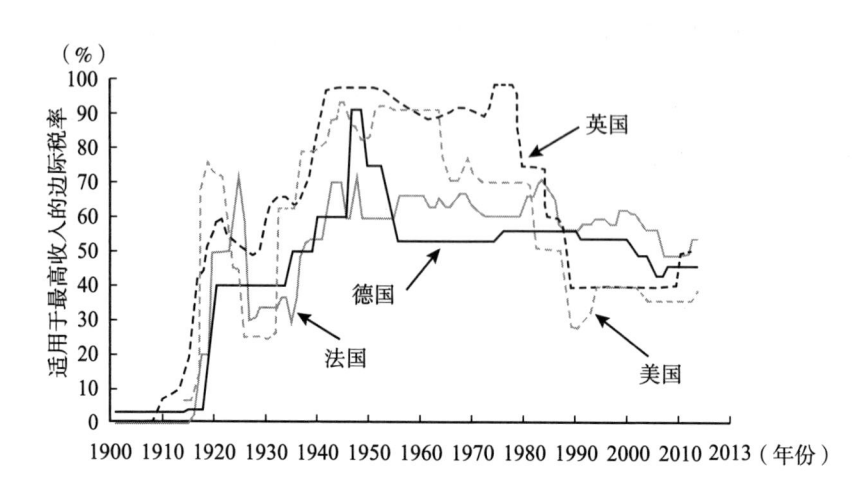

图1-9　1900~2013年最高所得税税率（美国、英国、德国、法国）

资料来源：http://piketty.pse.ens.fr/capital21c。

第一章
两极分化的时代

料之中最具震撼力的图形。

从第二次世界大战爆发到冷战结束这段时期，各国政府推行最高所得税率，税率之高令人震惊。美国1944~1945年的最高所得税率为94%，1951年为91%，1952~1953年为92%，1954~1964年为91%。之后缓慢下降，1983年为50%，2004~2012年维持在35%的低水平，2013年又提高到40%。英国1941~1952年最高所得税率为98%，1988~2008年为40%，2009~2012年为50%，2013年为45%。德国1946~1948年为90%。最高所得税率变化不剧烈。法国从1936年至今，最高所得税率稳定地维持在48%~70%。

可以说，从1980年开始下降的最高所得税率，近些年又出现了上升的趋势。

日本的最高所得税率在1974年是74%，之后缓慢下降，1999年下降至37%，2007年以后又上升到40%，平成27年（2015年）以后上升到45%。

皮凯蒂认为在发达国家设立对高收入者征收税率为80%的累进税制是合理的，即使在美国实行，也不会抑制GDP的增长。[①] 他的第一个建议是不断扩大的贫富差距可以通过对高收入者征收累进税得以缩小。对于皮凯蒂而言，对收入征税是缓解贫富差距的根本方法。恢复累进税制是当今世界的发展趋势。

---

① 托马斯·皮凯蒂：『21世紀の資本』，みすず書房2014年版，第536页。

第二个建议是征收资本税，即对资产征税。这与后面论述的 r>g 同样有名。皮凯蒂认为资本分配不公是导致贫富差距扩大的主要原因，因此，应当对资本征税。

皮凯蒂提出征收"资本税"很容易让读者心怀戒心，不过了解资本税的人们是不会误会的。

皮凯蒂在《21世纪资本论》一书中使用的数据通过实例列举出来，根据这些实例可以了解皮凯蒂关于征收资本税的构想。

皮凯蒂在书中针对征收资本税推算了两种情况。第一种情况，资本税征收的底线是100万欧元（按汇率1欧元=130日元兑换），折合1.3亿日元，低于100万欧元不征收资本税。第一种情况把资本税的起征点设定在高收入水平，说明征收资本税的意图就是向富人征收富人税。

第二种情况是扩大征税范围，降低起征点。假设对拥有100万欧元资产的富人按照0.5%的税率征税，税额为5 000欧元，折合65万日元。第二情况是以资本税取代固定资产税。同时，拥有20万欧元（折合2 600万日元）资产的所有者也会缴纳13万日元的资本税。

日本于2017年1月1日开始增加遗产税。征税点从（5 000万日元+1 000万日元 × 法定继承人数）下降至（3 000万日元+600万日元 × 法定继承人数）。也就是说，通过下调起征点使税收增加，扩大了遗产税的征税范围。

皮凯蒂提出资本税时规定的起征点较高，属于富人税范畴。日本提高遗产税不同于皮凯蒂的"资本税"。

第一章
两极分化的时代

按照皮凯蒂的分析,当前很多人都拥有资产。不过,富人和穷人拥有的资产差距极大。这并不是劳动收入的差距。皮凯蒂提出征收的"资本税"属于富人税,其目的是缩小贫富差距、提高透明度。

皮凯蒂认为富人的收入无法准确掌握,而且富人也不会主动申报全部收入。拥有资产的一方更容易掌握资产的实际情况,尽管也存在隐匿资产的可能性。不过,期望通过开征富人税实现资产的透明度。

皮凯蒂试图通过征收所得税、遗产税、资本税等累进税,缓解贫富差距。

不过,如果只有一国征收资本税,资本一定会外逃,因此,必须在世界范围内征收资本税。

第二章

解读r>g

贫困与收入差距
——皮凯蒂与马克思的对话

◇

r>g 的咒语

皮凯蒂提出的不等式 r>g 背后具有严密的逻辑推理，也是其思想精髓之所在。

不等式 r>g 意味着过去的财富积累比产出和工资增长得快，这个不等式表达了一个基本的逻辑矛盾，企业家不可避免地渐渐变为食利者，越来越强势地支配那些除了劳动能力以外一无所有的人。资本一旦形成，其收益率将高于产出的增长率。这样一来，过去积累的财富要远比未来的收入所得重要得多。[①]

这个不等式囊括了皮凯蒂所有结论的整体逻辑，是一个令人难以理解的公式。皮凯蒂著作的核心就是经济增长率低于资本收益率，财富会更集中于富人手中，劳动者日趋贫困。

这个不等式似乎推导出了一个末日预言。

首先，r 表示资本收益率，如前所述，这里的资本包括企业所有的机器、个人股份、出租用公寓、自有住宅等。因此，资本收益包括利润、利息、股利、租金。

资本收益率等于资本收益额除以资本量，即资本收益额/资本＝

[①] 托马斯·皮凯蒂：『21世纪の資本』，みすず書房2014年版，第589页。

第二章
解读 r>g

资本收益率。资本收益率 r 可以表现为利润率，也可以表现为利息率。

g 表示经济增长率。我们一般以国民收入或国内生产总值（GDP）的增幅作为判断经济增长的标准。把国民收入每年的增长率称为经济增长率。例如，上年国民收入总量为 100 兆日元，本年为 110 兆日元，增加了 10 兆日元，10 兆日元 /100 兆日元 =10%。

皮凯蒂认为资本收益率 r 大于经济增长率 g 会导致贫富差距扩大，而且 r 与 g 的差额越大，贫富差距也就越大。

皮凯蒂采用大量数据，证实资本收益率长期以来一直维持在 4%~5%。发达国家的经济增长率不断下降，保持在 2% 左右。资本收益率 r 与经济增长率 g 之间的差距不断扩大。

虽说 r 与 g 的差距正在扩大，但是贫富差距未必扩大。如果用利润率代替资本收益率，将利润率与经济增长率相比较是没有意义的。皮凯蒂为了使不等式能够说明贫富差距产生的原因，提出一个前提，即资本家将部分资本收益作为资本进行追加。如此一来，资本收益率就会大于经济增长率。实现 r>g 这个咒语。

实际上，不是资本收益率（即资本收益/资本）大于经济增长率，而是资本收益的增长率（即资本收益的增加额/资本）大于经济增长率时贫富差距才会扩大。例如，经济增长率为 10%，资本收益增长率为 15%，经济增长成果的分配更有利于资本家，劳动者相对处于不利地位。

r>g 作为经济学公式没有意义。不过，资本家以此为前提条件，追加资本，在国民收入中占有的份额不断增加，导致贫富差距扩大。资本家会牢牢把握这个机会。即实现 r>g 的咒语。这就是 r>g 的含义。r>g 只是表明贫富差距存在的可能性，能否实现取决于资本家的行为。

第二章
解读 r>g

◇

从历史角度看 r>g

皮凯蒂指出 r>g 不是一个需要证明的数学公式,而是历史事实。的确,资本家能否将获取更多收益的可能性转化为现实是关键。

皮凯蒂指出"资本纯收益率明显高于全球增长率,但是二者之间的差距在 20 世纪显著下降……在 21 世纪会再次扩大。"[①] 图 2-1

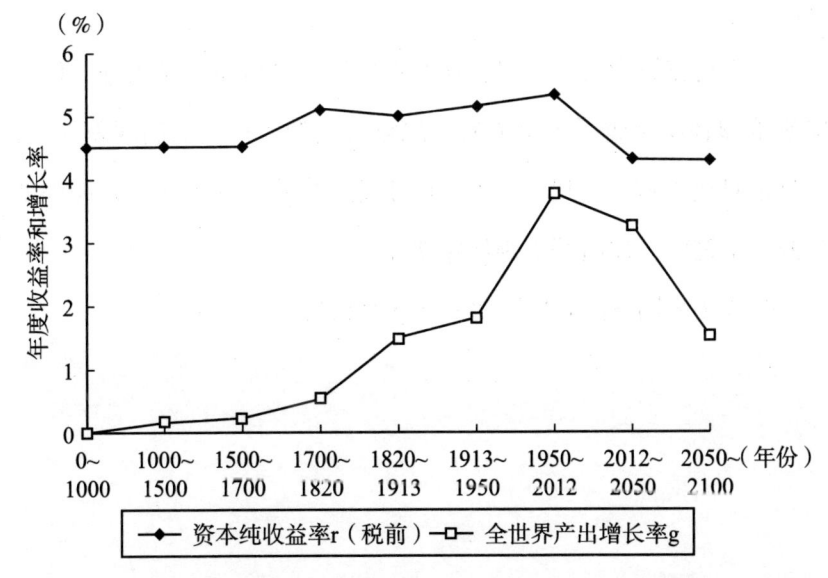

图2-1 从古代到2100年全球资本收益率(税前)和产出增长率的比较
资料来源:http://piketty.pse.ens.fr/capital21c。

[①] 托马斯·皮凯蒂:『21 世紀の資本』,みすず書屋 2014 年版,第 364 页。

证实了皮凯蒂的观点。

从耶稣诞生到 2100 年，在这个漫长的历史长河中，资本收益率这个概念究竟是否适用于古代和中世纪。

若是马克思一定会批判皮凯蒂的理论。马克思《资本论》的研究对象是 19 世纪的英国，因为此时英国资本主义正处于简单商品经济时期。正因为资本主义制度是特定历史时期的产物，具有鲜明的历史特性，所以马克思才把它作为《资本论》的研究课题。因此，马克思绝不会认同古代、中世纪"资本收益率"这个概念。尽管古代、中世纪的经济也可作为分析对象，但是与资本主义的分析方法不同。

对于马克思而言，难以将研究对象扩展到资本主义之外。但是，皮凯蒂却轻易跨越了这个障碍，忽略历史的、社会的制度差异，仅仅只是对比素材。古代、中世纪的土地与资本主义的土地是相同的，按照这个逻辑，皮凯蒂绘制出图 2-1。

图 2-1 表明皮凯蒂的不等式 r>g 是历史事实。

第二章
解读 r>g

◇

详论 r>g

与其说 r>g 是公式、方程式，不如说是总结历史数据的公式。可能这种说法存在语病，或许可以说成这是文字性表述。当前发达国家经济增长率持续低迷（2014 年日本经济增长率为 –1%），r 与 g 的差额（r–g）不断扩大，导致贫富差距扩大，这既是皮凯蒂的预言，也是警告。

尽管 r>g 是总结历史数据的公式，下面我们还是把它当作数学公式来讨论一下。

皮凯蒂假设资本收益率（r）= 资本收益总额/资本（K）。资本是指实际存在的资本数量，例如五台机器设备，用字母 K 表示。资本收益总额皮凯蒂没有指定字母表示。将资本收益总额设为 R，假设国民收入为 Y，资本收益占国民收入的比重为 α，则资本收益总额 R 等于 αY。国民收入等于资本收益总额 αY 与劳动者的工资收入 W 之和，即国民收入（Y）= 资本收益总额（αY）+ 工资（W）。

用 δ 表示各要素的增加量，δY 是国民收入的增加量。经济增长率是国民收入增长率 δY/Y。本书以 K 表示资本量，δK 是资本增量。资本增量即为投资 I。机器设备从 4 台增加到 5 台时，资本量 δK 增加 1 台，增加的 1 台机器即为投资。

皮凯蒂的资本收益率（r）等于资本收益总额（αY）与资本K的比值。假设国民收入Y与资本K的比值等于各自增量的比值，则Y/K=δY/δK。因此，r=αδY/δK，资本的增量δK为投资，r=αδY/I。

将皮凯蒂不等式r>g中的r替换成r=αδY/I，g=δY/Y。如果经济停滞，δY（国民收入的增加量）变小。δY是资本收益率（r）和经济增长率（g）的组成部分。假设α和I固定不变，资本收益率r与经济增长率g同比例变动。因此，如皮凯蒂所言，不会导致贫富差距扩大。但是，如果投资下降、股票升值带来资本收益总额（αδY）增加，贫富差距就会扩大。

皮凯蒂把r-g称作贫富差距。r在一定历史时期是既定不变的，如果经济增长率g较低，会造成贫富差距扩大。但是，r-g=（αδYY-δYI）/（YI）=δY/Y（αY/I-1），变形之后公式中的δY/Y就是经济增长率。因此，贫富差距与经济增长率成正比。这个公式不能说明经济增长率下降是造成贫富差距扩大的原因。皮凯蒂把资本收益率r和经济增长率g分开考虑，认为g下降造成r-g的差额增加。但是，如果我们考虑r和g之间的关系，g下降也会造成r-g下降。

（αY/I-1）中投资I下降、股价上升，资本收益总额αY增加，贫富差距扩大。假如把r-g作为表示贫富差距的公式，发达国家贫富差距扩大既有经济增长率降低的影响，又有量化宽松货币政策所导致股价上升资本收益总额增加的影响。不过，皮凯蒂在书中绘制出一幅与自己观点相反的图（见图2-2）。

第二章
解读r>g

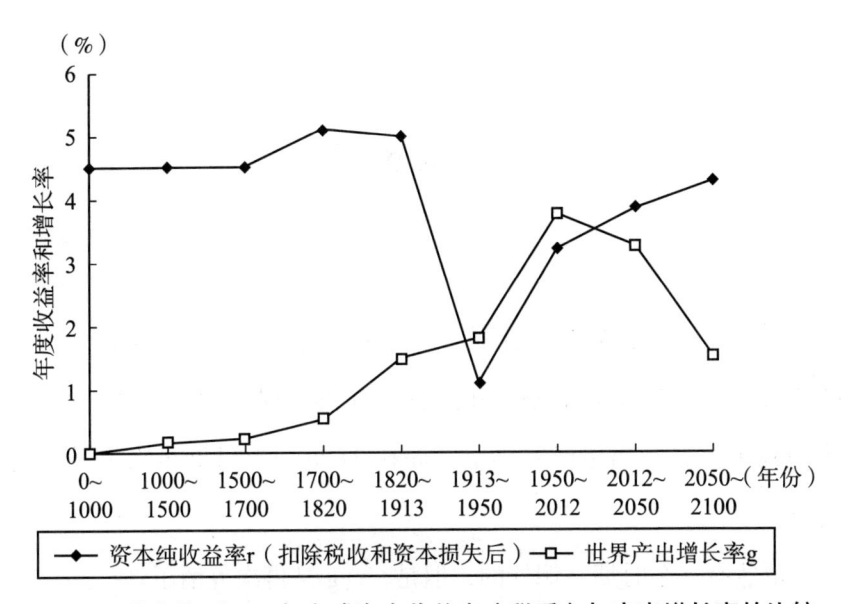

图2-2 从古代到2100年全球资本收益率（税后）与产出增长率的比较

资料来源：http://piketty.pse.ens.fr/capital21c。

r<g？

图 2-2 是税后资本收益率。这幅图与现实相符。关于这幅图皮凯蒂提出了"资本收益率（扣除税收和资本损失后）在 20 世纪逐步降到了世界产出生产率之下，而在 21 世纪有可能再次上升"的观点。[1]

虽然有一个时期是例外的，但是，r>g 又再次复活了。

关于图 2-1 和图 2-2，《21 世纪资本论》公开网站的预测数据也不是这幅图。根据图 2-2 显示，从第一次世界大战（1913 年）前夕到冷战（20 世纪 80 年代）期间 r<g，这主要是由于在计算过程中考虑了扣税、股票买卖产生的损失等。

如果这个推算正确的话，将会产生一个大问题。皮凯蒂把公元元年到 2100 年的数据绘制成图，才显示出 r<g 这个例外的时期。如若追溯到重商主义时期，资本主义确实拥有悠久的历史。但是，马克思的分析视角是确立雇佣关系的资本主义阶级关系。所以，资本主义的确立期始于 19 世纪的英国。据记载最早的经济危机发生于 1825 年，可以说从 19 世纪 20 年代开始确立资本主义经济。皮凯蒂

---

[1] 托马斯·皮凯蒂：『21 世纪の资本』，みすず书屋 2014 年版，第 365 页。

第二章
解读 r>g

在图 2-2 中 1820~2012 年这段时间才是真正的资本主义。

如果我们忽略 2012 年以后的未来时期，那么图 2-2 中 1820~1913 年大约 100 年的时间里 r>g，从 1913 年到 20 世纪 80 年代大约 70 年的时间里 r<g。剩下的大约 30 年间 r>g。迄今为止，资本主义有将近 40% 的时期是 r<g，所以，难以得出 r>g 是一般性的结论。

皮凯蒂认为，对于整个人类社会而言，也就是说包括古代、中世纪，r>g 确实是常态，但是，资本主义时代不能得出这个结论。皮凯蒂绘制的图 2-2 的时间轴刻度的跨度很大，不能测度战争等特殊时期。尽管从图 2-2 看出 r>g 是历史发展规律，但是不能说它是资本主义的发展规律。

皮凯蒂谈到列宁的时候，指出必须认同列宁关于"如果德国像英国那样拥有殖民地就不会发动第一次世界大战"[1]的观点。因此，对于列宁而言，资本主义发展成为帝国主义是历史的必然。那么，伴随着资本主义的发展第一次世界大战爆发也是历史发展的必然。对于生活在两次世界大战时期的人们来说，资本主义与经济大萧条、世界大战是紧密相连的。然而，皮凯蒂却把战争时期当作资本主义的例外时期，事实真的如此吗？

皮凯蒂把 r<g 的原因归结于两次世界大战和冷战，因为战争带来的大破坏和政府征收的高税率使资本和资本收益受损。但是，资

---

[1] 托马斯·皮凯蒂：『21世紀の資本』，みすず書房 2014 年版。

本主义并不存在皮凯蒂所言的这段悠久的例外时期。而且，对于整个人类发展史来说，战争时期也绝不是例外时期。皮凯蒂的观点只不过是他的一厢情愿而已。

第二章
解读r>g

分配问题回归成为经济学中心

皮凯蒂对当今经济学的现状进行了激烈的批判，认为所有问题都用数学方法求解却不明白问题的关键之处。当前世人对经济学的评价极差。即使获得了诺贝尔经济学奖，又能对社会作出何种贡献？只不过是助长了贫富差距扩大。皮凯蒂的学说符合批判现代经济学的潮流。其核心观点就是主张经济学的中心问题要回归古典学派的分配理论。

经济学始于资本主义的勃兴期。经济学之父亚当·斯密（Adam Smith，1723-1790）构建了经济学体系。斯密所处的时代是工场手工业时代，没有出现资本主义大机器化生产。资本主义的社会关系也仅仅是处于萌芽阶段。但是，斯密预测未来社会由资本家、劳动者、地主三大阶级组成。这是一个"天才"的框架设定。

斯密在《国富论》中，指出社会分工有助于提高劳动生产力，促进经济增长，增加国家财富，并且分析了工资、利润、地租是如何在劳动者、资本家、地主三大阶级之间分配的。

集亚当·斯密研究的大成者李嘉图（David Ricardo，1772-1823）以劳动价值论为基础，认为全部价值由劳动创造，产品在三个阶级间进行分配。首先，李嘉图指出工资与利润之间存在反向变化关系，即工资增加导致利润下降、利润增加导致工资下降。其次，李嘉图论述了随着人口的增长对粮食的需求也随之增加，需要扩大土地耕种面积。仅用优等地耕作不足以满足国民对粮食的需求，劣等地也需要用来耕作。级差地租增加造成资本家利润下降。李嘉图推导出利润率下降规律。李嘉图提出自由贸易理论的目的是从国外进口廉价粮食，降低名义工资增加资本家利润。斯密和李嘉图建立了以分配论为中心的经济学理论体系。

马克思批判继承了古典学派的经济学理论，以劳动价值论为基础分析了三大阶级之间的关系。马克思认为资本家和劳动者之间是生产关系，不是分配关系。马克思与古典学派对社会关系的认识不同，他认为利润、地租和利息之间的关系属于分配关系而非生产关系。

古典学派和马克思的三大阶级理论与皮凯蒂的贫富差距理论有关联，皮凯蒂在分配论中分析了有钱人与穷人之间的对立问题。

第二章
解读 r>g

◇

第一基本定律 α=r×β

皮凯蒂分析贫富差距时给出了资本主义第一基本定律 α=r×β。α 表示资本收益占国民收入的比重,即资本收益额 R/名义国民收入 Y。同理,αY 是资本收益额,即国民收入中资本家获取的部分。

皮凯蒂假设 β 表示资本与收入之比,即 β=K/Y,经济学称为资本系数。经济学提到资本系数中的资本是指机器设备。但是,皮凯蒂把股票等个人金融资产也包含在内。因此,经济学中的资本系数与皮凯蒂的 β 不符。我们和皮凯蒂一样,把它称为资本与收入比。

α= 资本收益额 R/国民收入 Y,r= 资本收益额 R/资本 K,β= 资本 K/国民收入 Y,r×β= 资本收益额 R/资本 K× 资本 K/国民收入 Y = 资本收益额 R/国民收入 Y = α,皮凯蒂称之为"恒等式"。

皮凯蒂对资本主义第一基本定律 α=r×β 进行数据分析得出平均值,β=600%、α=30%、r=5%。这是皮凯蒂的基本观点。

下面我们来分析一下皮凯蒂的资本主义第一基本定律。

α 表示国民收入中资本家获取的份额,αY 表示资本家获取的报酬,即资本收益额。国民收入扣除资本家报酬就是劳动者获取的报酬,即工资 W,W=Y−αY。皮凯蒂和李嘉图、马克思一样,认为资本家与劳动者之间存在阶级对立。

马克思用剩余价值 m 表示资本家所得，用可变资本（等于工资）v 表示劳动者报酬。国民收入 Y 等于 v+m。马克思用剩余价值率 m/v，表示资本家和劳动者之间的阶级对立。剩余价值率上升意味着资本家的剥削加重。因为马克思的 m 等于皮凯蒂的 αY，v 等于 Y−αY，所以 m/v 等于 αY/(1−α)Y。也就是，马克思的 m/v 相当于皮凯蒂的 α/(1−α)。如果马克思读皮凯蒂的著作，与 r>g 相比，马克思更为重视 α。

皮凯蒂用 r×β 表示 α，r 是资本收益率，β 是资本与收入之比，作为表示资本家支配能力的指标。实际上，只用 α 就能清楚地分析贫富差距。

皮凯蒂绘制出 α 数据图（见图 2-3）。

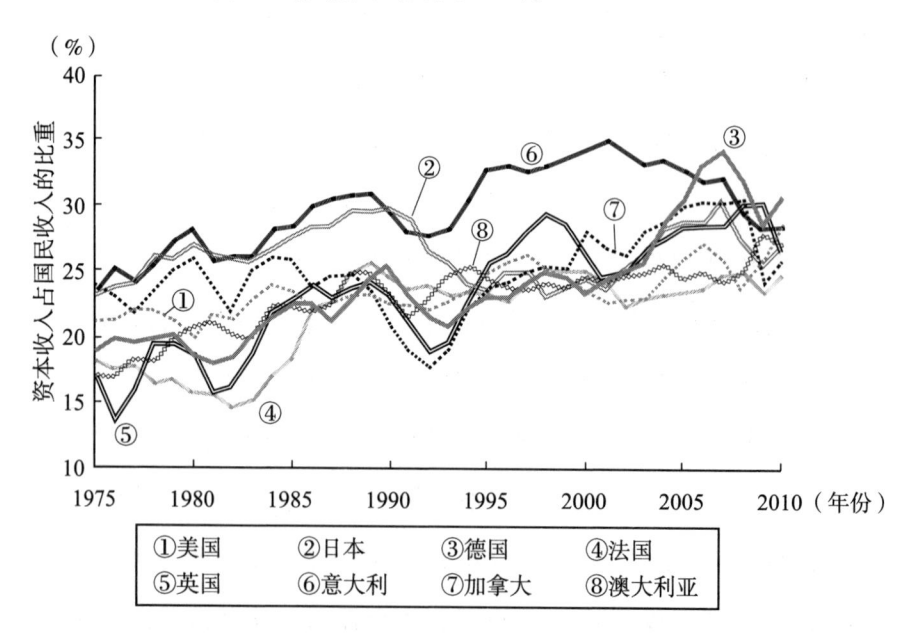

图2-3　1975~2010年部分发达国家的资本收入比重

资料来源：http://piketty.pse.ens.fr/capital21c。

第二章
解读r>g

如图 2-3 所示，在发达国家 α 表现出长期平稳的上升趋势。α 表示资本家收入占国民收入的比重，这就是分配论，α 增加意味着资本获利能力增大。

皮凯蒂令 α=r×β，如果 r 在历史上稳定地维持在 4%~5%，那么资本与收入比 β 就变得至关重要。

资本与收入比 β

资本与收入比 β 是皮凯蒂理论的关键，比 r>g 更有意义。

首先介绍图 1-1，该图显示出美国前 10% 的富人收入占国民收入的比重变化。在皮凯蒂的《21世纪资本论》中，图 2-4 与它同等重要。甚至图 2-4 更能表现皮凯蒂的观点。

图 2-4 是德国、法国、英国私人资本与国民收入的比值。该图显示出明确的趋势，第一次世界大战爆发时（1914 年）资本占国

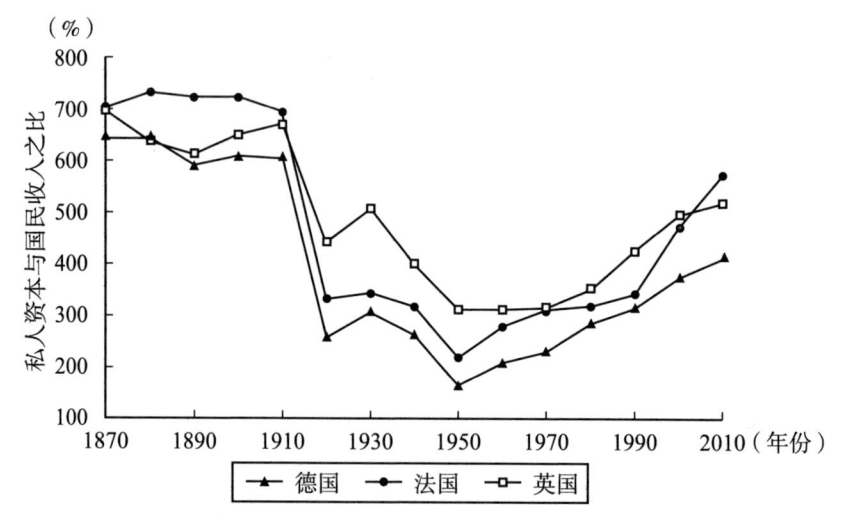

图2-4　1870~2010年德国、法国、英国私人资本与国民收入之比

资料来源：http://piketty.pse.ens.fr/capital21c。

第二章
解读r>g

民收入的比值下降，1980年以后转为上升，呈"U"字型。图1-1是美国前10%富人收入占国民收入的比值。"U"字型开始于第一次世界大战以后。这意味着美国在第一次世界大战并没有把全部资源投入战争。

欧洲则不然，资本占国民收入的比值从第一次世界大战爆发开始急剧下降。而且20世纪80年代政治上保守主义、经济上货币主义和市场主义抬头，导致资本占国民收入的比值开始上升，柏林墙倒塌、苏联解体、冷战结束进一步加速其上升。因为皮凯蒂把战争当作资本主义的例外时期，所以绘制出的欧洲β曲线呈现出完美的"U"型曲线。图2-4比图1-1更能证实皮凯蒂的观点。

β对皮凯蒂十分重要，但是对马克思来说未必重要。马克思认为某个产业使用的资本数量取决于那个时代技术水平的高低。纺织业使用的机器设备比钢铁业少。因而，不能认为资本占国民收入的比值越大就表示资本的实力越强。对于马克思而言，不是β越大就对资本家越有利。

笔者认为皮凯蒂也在考虑这点，所以β作为基于历史数据的统计指标是有意义的。皮凯蒂的资本是一个宽泛的范畴，包括全部能产生收益的资产，以国民收入为轴测度资产数量。

图2-5表示20世纪70年代以后发达国家资本占收入比值的变动趋势。如图2-5所示，β整体呈现出上升的趋势。皮凯蒂认为资本占国民收入比值中资本上升导致资本收益增加、贫富差距扩大。即发达国家出现两极分化现象。

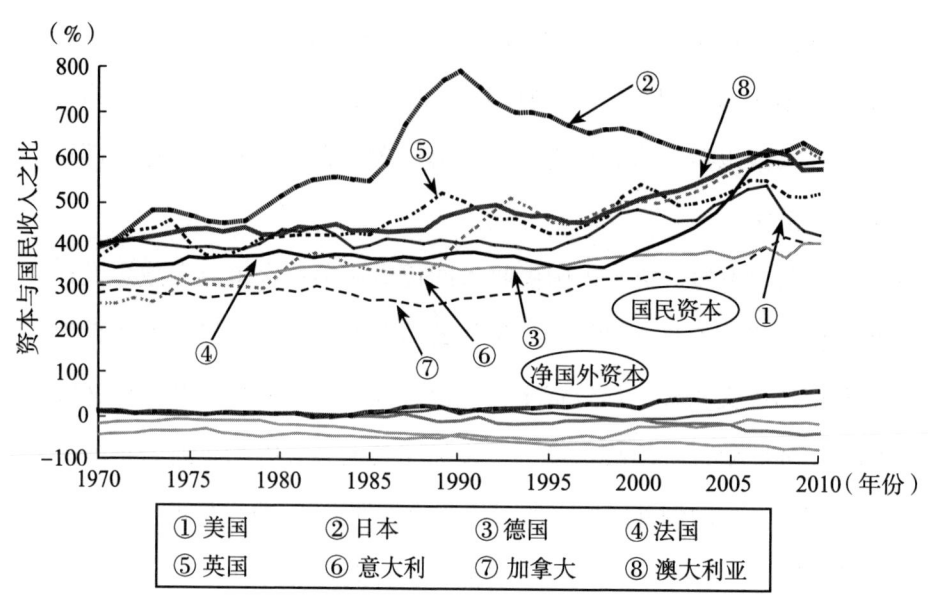

图2-5　1970~2010年部分发达国家资本占国民资本之比

资料来源：http://piketty.pse.ens.fr/capital21c。

①美国　②日本　③德国　④法国　⑤英国　⑥意大利　⑦加拿大　⑧澳大利亚

但是，在图2-5中，与众不同的是最上面的日本。20世纪90年代泡沫时期β接近800%。图2-5只显示发达国家的数据，在经济稳定发展的发达国家之中日本泡沫时期最为突出。当然，日本经济衰退在图2-5中也清晰地显现出来。日本股票、房地产泡沫时期的图形就像富士山一样。皮凯蒂β中的资本不仅包括股票、房地产，还包括实物资本，表现出全部资本的繁荣和衰落。皮凯蒂的β没有考虑到发达国家中日本泡沫经济这个特例。

第二章
解读r>g

◇

第二基本定律 β=s/g

皮凯蒂提出第二基本定律 $\beta=s/g$。

假设 s 为储蓄率，g 为经济增长率，推导出 $\beta=s/g$。经济学把公式中 β 和 g 位置互换，即 $g=s/\beta$，称为哈罗德—多马经济增长模型，成为一个具有争论性的公式。

公式推导如下：国民收入由储蓄和消费组成。用 S 表示储蓄额，Y 表示国民收入。储蓄率 $s=S/Y$。经济增长率 $g=\delta Y/Y$。

资本/收入 β＝资本 K/国民收入 Y，假定 $K/Y=\delta K/\delta Y=\beta$。$\delta K$ 表示资本 K 的增加量，就是投资 I。因此，$\beta=I/\delta Y$。

另外，在核算国民收入时，储蓄 S= 投资 I，国民收入 Y 以工资 W 和资本收益 R 的形式分配给劳动者和资本家之后，或用于消费，或用于储蓄。另外，国民收入还可表示为新创造的价值总和，表现为物质财富和服务两种形态，或用于消费，或用于投资。国民收入的两种表示方法 Y=C+S=C+I，两端都有消费可抵销，可得储蓄 S= 投资 I。

$s/g=(S/Y)/(\delta Y/Y)=S/\delta Y$。由于储蓄 S= 投资 I，$s/g=I/\delta Y$，$\beta=I/\delta Y$，可得 $\beta=s/g$。

皮凯蒂认为 β 越大资本的影响力越大。基于此，他用例子说明低经济增长和资本复苏之间的关系。

假定储蓄率 s 固定在 12%，经济增长率 g 为 2%，资本与收入比 β 为 600%，经济增长率下降至 1%，资本与收入比 β 增加到 1200%。经济增长率放缓，β 增大。20 世纪 80 年代以后发达国家资本势力卷土重来就是证明。

但是，在储蓄＝投资的前提下，难以像皮凯蒂那样把 s 和 g 分开考虑。经济增长与投资之间密切相关，投资（＝储蓄）增加，经济增长。经济增长放缓，投资（＝储蓄）也会随之降低。分子分母存在比例关系。在这种情况下，皮凯蒂的观点不能成立。

但是，像日本这样，企业即使存在大量盈余也不追加投资，即包含营业盈余在内的储蓄与投资无关，这种情况适用皮凯蒂的观点。在经济增长放缓的情况下，资本的比例增大。

皮凯蒂的资本主义第二基本定律 β=s/g，是资本主义长期的基本定律。

如果储蓄率 12%、经济增长率 2% 的国家用这个公式计算，从长期看，资本／收入比达到 600%。而且一个初始资本为零的国家，依靠每年 12% 的储蓄率，这个国家需要 50 年才能实现相当于 6 年国民收入的资本积累。[①] 但是，这种解释只不过是一种打比方的表达方式，在现实中是不存在的。

在皮凯蒂的理论里，β 和 β=s/g 很重要。他用图 2-6 表示全球资

[①] 托马斯·皮凯蒂:『21 世纪の资本』，みすず书屋 2014 年版，第 171 页。

本与收入比的变动趋势，呈现出"U"型，且具有明显上升的趋势。

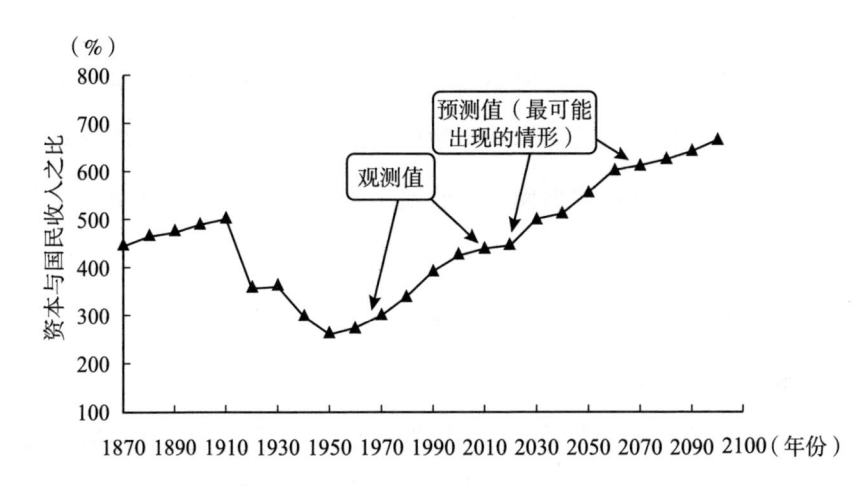

图2-6　1870~2100年全球资本与收入比率

资料来源：http://piketty.pse.ens.fr/capital21c。

经济学提出的资本边际生产力递减规律，最初来自农业。在同等面积的土地上连续追加资本（种子、肥料等），农作物产量上升，但是产量的增量逐渐下降。这条规律也适用制造业，甚至适用发达国家和发展中国家之间的关系。

皮凯蒂认同资本边际生产力递减规律，但是，这样就会产生资本效率低下的问题，即追加资本促进产量增加，但增加量逐渐递减。

因此，皮凯蒂认为从长期看资本和劳动的替代弹性大于1。与其说资本增加可以使劳动降低，不如说这种生产方式更为有效。

皮凯蒂在研究资本边际生产力、资本和劳动的替代弹性问题时，把资本家定义为从事物质资料生产的资本家。但是，之前皮凯蒂提出的资本家概念还包括股票、租赁用公寓的所有者。那么，租赁用公寓和房租就不存在资本和劳动的替代问题了。

在马克思的理论中，资本边际生产力递减问题、资本和劳动的替代问题都不存在。马克思认为生产方法由技术决定。他在经济周期理论中，提出资本增加使资本收益下降。在经济繁荣时期，资本扩张导致劳动力不足，就会出现工资上升利润下降的情况。马克思把利润为零的情况称作资本绝对过剩，是产生经济危机的原因之一。所谓过剩是资本相当于劳动力的过剩。

马克思在研究实物资本是按照哪种比率生产的问题时，指出资本家一定会采用最优的技术确定劳动对资本的使用比例。如果一名劳动者操作一台机器是最优的情况，那么绝不会有资本家愿意雇佣10名劳动者来操作这台机器。

第三章
皮凯蒂与马克思——
马克思的反论

资本"论"问题

有人说皮凯蒂的《21世纪资本论》是对马克思《资本论》的再认识,但也有人说皮凯蒂根本没有读过《资本论》。皮凯蒂曾在《21世纪资本论》中提出《资本论》晦涩难懂。不管怎样,皮凯蒂在现代又开始关注马克思,但他并没有继承马克思经济学的衣钵。

马克思的《资本论》在标题中有一个"论"字,但是皮凯蒂的标题中只有"资本"却没有"论"字。日本读者对此感到困惑。在此,对这个问题进行说明。《资本论》的德文标题是 Das Kapital,Das 是定冠词,Kapital 是名词,表示"资本"的意思,就是说"论"是日本人翻译时加上的。中文版是参考日文版翻译的,所以也就翻译成《资本论》。

《资本论》第一卷于1867年发行出版,马克思在此之前出版了《政治经济学批判》(1859年),在序言中提到写作计划包括资本、土地所有制、雇佣劳动、国家、对外贸易、世界市场六分册。

《资本》是写作计划的第一分册。在马克思经济学中,围绕《资本论》和《政治经济学批判》写作计划之间的关系存在争论。学界普遍认为,马克思为了阐明《资本》结合《土地所有制》《雇佣劳动》的部分内容写成《资本论》(资本)。在恩格斯主持下出版的英文版,

第三章
皮凯蒂与马克思——马克思的反论

只有 Capital，没有定冠词。马克思主编的法文版是 La Capital，皮凯蒂也是 La Capital。德文版、英文版、法文版直译都是《资本》，只有日文版存在是否有"论"的问题。

贫困与收入差距
——皮凯蒂与马克思的对话

◇

皮凯蒂眼中陈旧的马克思理论

皮凯蒂在《新·资本论》一书中对皮凯蒂和马克思的关系饶有兴趣地展开了评述。他在书中对法国工人运动进行了如下批判。

"信奉马克思主义的左派过度拘泥于最低工资,至今依然认为资本主义唯一的不平等就是表现为劳动者和经营者之间的对立,劳动者永远贫困,经营者永远富有。所以,不管怎样经营者都应该出钱。他们越是急于讨论做出决定就容易变得短视。"[①]

皮凯蒂指出经营者中还包括小微企业的经营者。如果考虑到小微企业,与其拘泥于提高最低工资,不如像法国那样采用劳动奖励补贴制度,改善国家收入再分配。

在这本书中,描写了皮凯蒂眼中的马克思主义者,就是一个从19世纪以来一直只关注劳动者和资本家阶级对立的群体。贫富差距已经超越资本家和劳动者阶级对立的分析框架,扩展到是否拥有资产这个范畴。这个问题自马克思之后就没有引起他们的重视。

皮凯蒂在《21世纪资本论》中使用大量的数据进行分析,被认为是推动了马克思主义的进步。在书中皮凯蒂指出,当下学者分析

[①] 托马斯·皮凯蒂:《新·资本论》,日经BP社2015年版,第79页。

第三章
皮凯蒂与马克思——马克思的反论

贫富差距问题时没有搜寻尽可能完整的数据资料，并对此表示强烈不满。

皮凯蒂引以为傲的不仅仅是运用翔实数据进行的实证分析。还包括他把批判的矛头指向了"承袭制"资本主义。马克思的资本家是从事生产、经营的资本家，是进行投资、监督劳动者、组织生产的资本家。资本家获取利润是努力经营的报酬。

但是，正如斯密所言，利润不是与资本家的付出成比例，而是与资本量成比例。李嘉图认为资本家获取的利润与劳动者获取的工资是对立的关系。马克思则认为是资本家和工人之间是阶级对立。批判的对象是从事"工作"的资本家。

皮凯蒂书中描写的资本家不仅包括从事经营工作的资本家，还包括无所事事却获取巨额财富的资本家，承袭资本家最具有代表性。经济增长率 g 停滞提高了资本/收入比率 β，资本家日益富裕，扩大两极分化。

皮凯蒂在《21世纪资本论》一书中形象地描写了与基金经理合作获取巨额财富的资本家形象。虽然可以反驳马克思"资本家也是从事工作的"，但是难以反驳皮凯蒂。

皮凯蒂之所以认为法国工人运动左派的观点落后，是因为他们一直死守马克思的理论，无视当今"承袭制"资本主义的存在。皮凯蒂主张管理"承袭制"资本主义不能仅仅只是与资本家对抗，更主要的是政府必须要制定有效的政策进行管理。

不劳而获的人、马克思与皮凯蒂

古典学派和马克思都认为地主是不劳而获的人。因为土地不是在工厂生产出来的产品,所以资本家租用土地必须向土地所有者支付地租。这是资本家的一种妥协。在皮凯蒂看来,租赁不动产的所有者就是"资本家",因此,古典学派和马克思口中的地主也属于"资本家"的范畴。

地主是资本主义生产关系以"外"的人,例如19世纪农业开始资本主义经营,土地租赁比土地买卖更为常见。于是,古典学派进一步发展了"地租理论"。不过,古典学派和马克思都把地主与资本家区别为两个阶级。

至今,在欧洲依然存在贵族。皮凯蒂在《21世纪资本论》一书中对欧洲贵族传统进行了有的放矢的批判。从这点可以看出,他是一名激进的批判者。

马克思认为通过地租可以把资本主义框架之"外"的地主引入资本主义框架之内。皮凯蒂则是把地主、资本家都纳入"资本家"范畴,作为分析贫富差距的对象。

第三章
皮凯蒂与马克思——马克思的反论

◇

皮凯蒂的马克思

皮凯蒂在《21世纪资本论》一书中介绍的马克思理论和马克思的理论是不一样的。在20世纪中叶，马克思主义引领世界的知识潮流。马克思的《资本论》畅销世界各国。

但是，如今很少有人去读马克思的《资本论》，即使读了也不求甚解，市面上充斥着很多存在误读的《资本论导读》。

在读皮凯蒂不读马克思的当下，对皮凯蒂《资本论》的误读很容易被当作马克思学说的传播。

马克思是皮凯蒂《21世纪资本论》中最先出现的经济学家。

"私有资本的不断积累真如卡尔·马克思在19世纪预言的那样，将导致财富被少数人掌握吗？"[1] 皮凯蒂把马克思的这段话作为著作的主题，并在书中作出了解答。

皮凯蒂所介绍的马克思理论被他称为"无限积累原理"，并以此为前提，得出古典学派和马克思都否认生产力提高的结论。"如他的前辈一样，马克思完全忽视了持久技术进步的可能性以及稳定增长的生产率。"[2]

---

[1][2] 托马斯·皮凯蒂：『21世紀の資本』，みすず書房2014年版，第1、10页。

皮凯蒂在第六章的"对马克思和利润率下降的反思"中，对马克思的观点进行了论述，讨论皮凯蒂的资本/收入比率 β 与马克思的结论之间的关系。不过，皮凯蒂在书中指出"他（马克思）的文章并非总是清晰明朗，所以我们难以确定他内心真实的想法。"①

"生产率和经济增长率 g 为零，我们就遇上了一个接近马克思所描述的逻辑矛盾……一般地说，如果 g 接近零，那么长期资本/收入比 β=s/g 会趋向无限大。而且如果 β 非常大，那么资本收益 r 必然越来越小，越来越接近于零，否则资本收入比重 α=r×β 最终会吞噬掉所有国民收入。因此，马克思指出的这种动态不一致性相当于一种真实的困境。"②

无论如何，事态恶化并非如马克思所言的那样，马克思的预言落空了。

皮凯蒂对马克思的介绍，其实与马克思的理论存在着极大的差异。我们无法判断这到底是皮凯蒂的误读，还是他把马克思纳入自己理论的手法。但是，站在马克思的角度，我们必须要对其"没有说过的理论"进行申辩。

---

①② 托马斯·皮凯蒂：『21世紀の資本』，みすず書房 2014 年版，第 231、232 页。

第三章
皮凯蒂与马克思——马克思的反论

◇

皮凯蒂的误解——生产力

皮凯蒂认为古典学派和马克思基本上都没有把生产率上升纳入理论中。但是，亚当·斯密最精彩的地方就是在《国富论》的开头介绍了别针制造业分工的效果。斯密指出一个人一天生产别针，最多只能生产20根别针，如果把制作别针的工作分成18个工序，那么10个人一天能够生产48 000根别针。相当于一人一天4 800根。与独立工作一天最多只能生产20根别针的劳动者相比，生产力相当于他的240倍。

马克思的分析是以机器化大生产为基础，而不是以分工为基础的。在《资本论》开篇的"第一章　商品"中对劳动生产力提高做了定义，并与价值论进行了区别。劳动生产力表示劳动时间和产量之间的关系，如果相同的产量只耗费了一半的劳动时间，就意味着劳动生产力提高了1倍。劳动生产力的标准不是创造了多少价值，而是生产出多少产品。

马克思把提高生产力当作资本主义的一般规律。如前所述，先于其他资本家采用生产力较高的新生产方法（一般是机器）的资本家，能够用比其他资本家更少的劳动时间、更少的成本生产出同样的商品，获得平均利润以上的利润（称作超额剩余价值）。引入生产力较高的机器，对资本家而言十分重要。

资本家为了追逐更高的利润，不断改良生产方法，谋求超额剩余价值。随着新生产方法的普及，超额剩余价值逐渐消失。只要资本家之间存在竞争关系，提高生产力就是资本主义的使命。

在列宁时代，发展重化工业，采用大型机器设备进行生产，由于更换固定资本需要耗费巨额成本，从而导致不更换、继续使用陈旧的、生产力低下的固定资本这样的问题。列宁认为这是资本主义"腐朽性"的表现之一。

马克思把这种现象称为"精神损耗"，认为落后的技术会对经济危机产生影响。马克思的资本主义就是指每隔10年爆发一次的经济危机，通过废弃旧机器、采用新的、生产力更高的技术来实现经济增长。

因此，实际国民收入的增长是资本主义发展的一般趋势。对于马克思而言，g无限接近于0，是皮凯蒂的误解。

第三章
皮凯蒂与马克思——马克思的反论

◇

马克思的资本主义

皮凯蒂理解的马克思理论，是 g 无限接近于 0。根据皮凯蒂第二基本定律 β=s/g，β 无穷大。皮凯蒂指出，如果 β 增大，资本边际生产力下降，资本收入增加，α=r×β 也会持续增加。资本收入增加，α 接近于 1，"占有全部国民收入"，劳动者工资为零。

这就是皮凯蒂理解的马克思理论、马克思的预言。为了解决皮凯蒂的误解，我们有必要回归马克思理论。

马克思经济学的基础是被称为唯物史观的历史唯物主义。那是一种从经济视角分析人类社会的方法论。只要人类集体在社会上生存，都离不开物质产品的生产、社会性的分配、消费等经济活动。

但是，随着社会、历史的发展，生产关系会不断发生变化。封建社会主要表现为领主和农民之间的关系，资本主义生产主要表现为资本家和工人之间的雇佣关系。以生产为中心的人与人之间的关系被称为生产关系。一定的生产关系适应一定的生产力，资本主义生产关系适应机器化大工业。

《资本论》的研究主题是历史发展阶段之一的资本主义经济。马克思《资本论》的特点在于不是对经济的一般研究，而是对资本主义经济这一特定经济制度的研究。

唯物史观不断为《资本论》框架提供命题。其中之一就是，唯物史观指出生产力和生产关系的矛盾推动历史发展。正如封建社会的生产力发展带来了市民革命和资本主义时代，当旧的生产关系不适应生产力发展时就会引发变革。

社会主义革命没有在发达国家——英国率先发生，而是在经济落后的俄国、中国等国家率先发生，致使很多人认为马克思的预言落空了。因为他们是按照唯物史观的方法论来思考问题，认为社会主义革命只能发生在生产力高度发达的国家。

《资本论》中的唯物史观的重要思想在于，将劳动生产过程作为社会基础。人类社会任何时候都离不开劳动生产过程。如果劳动生产过程被资本所支配就转化为资本主义生产过程。物质资料生产过程从价值形成，转变为价值增殖，一个新的时代诞生了。

第三章
皮凯蒂与马克思——马克思的反论

◇

自由、平等但是剥削

对于马克思而言，资本到底是什么？马克思用公式表现资本运动。用德语字母表示就是 G–W–G。G 是货币（Geld）、W 是商品（Ware）的首字母。公式最后的 G 是比开始的 G 还多的货币量，包括增殖部分，即 G+σG。为了和最初的 G 相区别，用 G′ 表示。马克思认为资本运动的目的是价值增殖。

该公式表示收回的资本比投入的资本增加了。对于商人而言，就是贱买贵卖。对于放高利贷的人而言，就是借钱后收回本金和利息。对于产业资本家而言，就是投入货币购买生产资料和劳动力，进行生产，生产出新价值，出售商品后获取利润。马克思认为产业资本是资本主义社会最重要的资本。

在任何时代都存在的劳动生产过程，一旦被资本支配（G–W–G′），就转变为生产物质产品、创造新价值的过程。生产的目的不再单单是生产物质产品，而是为了生产新价值、实现价值增殖。

马克思把工资当成是维持工人生存的费用。资本家给予劳动者维持每日生存所必需的生活资料。为了社会的持续发展，这是不可或缺的条件。生活水平取决于历史文化的发展状况。皮凯蒂在这点上，误解了马克思的意思。例如，劳动者生产一天的生活资料需要5个小时的劳动时间，马克思把它称为必要劳动时间。在这5个小时里生产出来的生活资料与工资等价，称为"劳动力价值"。但是，劳动者还能超过劳动力价值部分继续进行劳动。例如每天工作8小时，从5小时增加到8小时，多出3个小时，这3小时的劳动称为剩余劳动。剩余劳动创造出的产品，在封建社会成为农民缴纳给领主的"年贡"，在资本主义社会则是剩余价值，成为资本家的利润。

马克思把劳动力价值部分假设为 v（可变资本），把剩余价值部分假设为 m。在价值论中，资本家和劳动者之间的关系很容易理解，就是 m/v，称作剩余价值率。剩余价值率增加表示资本家的剥削加重。

马克思认为资本家不是通过不等价交换获取利润。资本家支付的工资与"劳动力"等价，劳动力和工资的关系是基于自由、平等的等价交换。

但是，由于劳动者可以超出必要劳动时间进行劳动，因此能够生产出超出劳动力价值部分的剩余价值。剩余价值被资本家占有。

资本主义的剥削不是领主、国王通过权利进行的剥削，而是基于市民革命后的自由、平等理念建立的经济制度下的剥削。按照这个观点，资本家不存在不当行为。市场交换是自由、平等的交换，

第三章
皮凯蒂与马克思——马克思的反论

没有身份差别。但是,依然存在剥削。

马克思的解释是劳动不同于劳动力。工资是劳动力价值的等价物,即与生活资料等价。但是,劳动者的劳动超过了劳动力价值部分。劳动合同是劳动者劳动时间的合同,在这个制度设计下,隐藏了剥削。马克思指出,人们产生了幻觉,就是认为劳动合同是以时间为单位签订的合同,工资是对全部劳动时间的报酬。

产业资本的生产不仅使用劳动力,还使用生产资料(机器、原材料等)。马克思认为,使用的原材料价值全部转移到商品中,机器、厂房的价值按照折旧费一点一点逐渐转移到商品中。他把原材料、机器的价值称为不变资本,用 c 表示。

预付资本包括可变资本和不变资本,剩余价值与预付资本之比就是利润率,即 $p'=m/(c+v)$。利润率是资本家经营活动的标准。资本家的定价就是在成本价格($c+v$)的基础上加上利润。但是,按照这个原则制定出的价格与商品价值不相等。

c/v 被称为资本有机构成,生产不同商品,资本有机构成不同。需要大型机器设备进行生产的钢铁业比纺织业的资本有机构成高。因为不同产业部门的技术水平不同。在现实中,资本有机构成的差异,导致交换不是基于劳动时间,而是基于生产价格。交换不是按照劳动时间决定的价值进行,而是按照偏离价值的生产价格进行。

不过，马克思指出整个社会的价值总量等于生产价格总量，剩余价值总量等于利润总量。本书认为利用价值论分析资本家和劳动者之间的阶级关系是极为有效的。①

---

① 马克思指出剩余价值是劳动者剩余劳动创造的，这个关系被资本主义经济所隐藏。工资本来是和生活资料价值决定的"劳动力价值"等价，但是人们却认为是与包括剩余劳动在内的劳动等价。剩余价值率、利润率不仅仅取决于劳动时间，而且取决于一定时期内资本周转的次数。缩短生产周期、销售周期可以提高利润率。在这其中，隐藏了剩余价值的秘密。资本家把劳动力和生产资料归为成本价格，就进一步隐藏了剩余价值的秘密。

进而，资本家将获取利润的一部分作为利息支付之后，剩余部分作为资本家的劳动报酬。就像工资一样。其结果就造成，资本—利息、土地—地租、劳动—工资，三种关系成立，马克思把它们称为三位一体。剥削关系在日常生活中不被人所知。换言之，不读《资本论》就无法理解剥削。这就是马克思要描绘的资本主义。

资本主义经济在自由和平等中形成了剥削关系，并把剥削巧妙地隐藏起来。继承古典政治经济学派思想的马克思之所以给《资本论》加上"政治经济学批判"这个副标题，是因为书中包含了对古典政治经济学派的批判，批判他们不能从历史的角度看待资本主义的特性，无法认识到在资本主义自由和平等中存在的剥削以及隐藏剥削的手段。

第三章
皮凯蒂与马克思——马克思的反论

◇

《资本论》的预言

如前所述，马克思把资本主义看作是历史发展的一个阶段，他认为工资等于劳动者维持生存的生活资料的价值，提出工资＝生存费用的理论。

正如大家所相信的那样，马克思一直在强调资本家和劳动者之间的对立。但是，在《资本论》中登场的资本家和劳动者之间的斗争不是提高工资，而是"围绕劳动日的斗争"。这里的"劳动日"是指一天的劳动时间。当然，劳动时间的延长会导致每小时的工资下降。但是，按照生存费用理论，资本家和劳动者之间的对立从工资转移至劳动时间。

从马克思剩余价值理论看，资本家增加剩余价值（利润）的方法有两种。延长一天的劳动时间，或者降低工资。前者称为"绝对剩余价值生产"，后者称为"相对剩余价值生产"。绝对剩余价值生产的问题与"劳动日的斗争"密切相关。但是，"相对剩余价值生产"，即降低工资的方法，与皮凯蒂的理解不同。皮凯蒂认为，马克思预言国民收入全部被资本家获取，即工资为零，是错误的。

但是，本书认为马克思分析的基本观点是实际工资没有下降。所谓相对剩余价值生产就是由于生产力提高，生活资料价格下降，在名义工资下降、实际工资维持不变的情况下，增加剩余价值（利润）。马克思并不是像皮凯蒂所说的那样，假设生产力提高、经济增长率都接近于零。马克思所描绘的劳动者是以资本主义社会存在为前提，以工资方式获取生存费用的劳动者。这个问题在最后一章还会再做讨论。

尽管如此，长期趋势规律提出另一个问题，就是"贫困化规律"。与皮凯蒂的看法相反，马克思把由于采用机器生产而提高的生产力和劳动者的命运紧密连接在一起。

如果资本家采用的新技术，是增加生产资料（机器、原材料）使用的技术，就会减少对劳动力的需求，降低工资。马克思把有劳动意愿的失业者称为产业后备军，产业后备军队伍的扩大产生了降低工资的压力。

当然，如果采用增加使用劳动力的新技术，工资就会上升。但是，资本主义经济发展的一般趋势，基本上是采用价值高的新机器从事生产，这样就会减少对劳动力的需求。因此，资本主义的发展导致劳动者日益贫困化。

另外，马克思用 $p'=m/(c+v)$ 表示利润率。m 表示剩余价值（利润），v 表示工资，c 表示生产资料。如果公式右边的分子和分母都除以 v，就会变成 $p'=\dfrac{m/v}{1+c/v}$。一般来说，与劳动力 v 相比，资本主义经济更倾向于采用改良后的机器 c，这样分母 c/v 就会变大。分母增大利润率 p' 下降。也就是说，随着资本主义的发展，

第三章
皮凯蒂与马克思——马克思的反论

利润率呈现下降趋势。

这些都是趋势规律。采用新机器，在新机器效率良好并且便宜的情况下，能够消除这种趋势，通过各种方法增加剩余价值也能消除这个趋势。但是，马克思认为利润率下降规律是一般规律。当今，生产力提高既与利润率提高无关，也与经济增长无关。但不能说马克思的预言是错误的。

马克思把资本主义当作历史发展的一个阶段。这意味着，它在一定时期形成，在一定时期终结。人类不受商品、货币、资本的左右，能够控制经济的社会终将到来。这就是马克思所说的社会主义社会。《资本论》是一本分析资本主义经济的著作，其中没有论及社会主义。不过，马克思坚信社会主义比资本主义更具有优越性，进而写成《资本论》。

马克思安葬在伦敦海格特公墓。马克思头像雕塑下面镌刻着《共产党宣言》（1848年）中一句名言"全世界无产者，联合起来！"墓碑上镌刻着"哲学家们只是用不同的方式解释世界，而问题在于改变世界。"这是马克思青年时期的笔记（《关于费尔巴哈的提纲》，1845年）。

专栏：价值论、150年的鸿沟

古典学派的价值论与成为现代经济学主流的价值论存在着极大的差异。先来看看，到底存在着哪些差异。尽管价值论在经济学中很重要，但是在现实中未必发挥作用。尽管如此，经济学家们依然狂热地专注于研究，其实可以略过。

马克思继承了亚当·斯密、大卫·李嘉图的古典政治经济学理论，作为商品价值决定理论，马克思以劳动价值论为基础，提出了生产成本理论。商品价值取决于劳动时间或生产成本＋利润（这是在一定范围内由劳动时间修正而来的），认为商品价值完全由供给的生产成本决定。

古典学派的价值论产生于19世纪70年代，该理论从需求方面研究商品价值。该理论因功利主义哲学（即认为幸福度可以测量）和数学的微分法得以普及。

例如，假设喝了1听罐装啤酒，此时满足程度假设为10，喝1听啤酒的满足程度最高；喝第2听的满足程度为6；第3听为3；第4听为1。如果只需要1听啤酒，价值就是10；如果需要4听啤酒，价值就是1。从社会角度来看，可得出效用曲线，这个效用曲线就是需求函数。需求函数向右下方倾斜的原因就在于边际效用递减规

第三章
皮凯蒂与马克思——马克思的反论

律。虽然是减少,但是减小的幅度下降,我们称为"递减"。

用消费满足程度直接测度效用,这种观点受到多数学者的批判,该理论也在不断修正。一般而言,选取两种商品,减少一种商品的同时增加另一种商品,从而画出一条两种商品的效用总和相等的曲线。这里保留了边际效用递减的观点,并且描绘出一条凸向原点的平缓曲线。

边际理论也应用于生产。不仅是需求曲线,供给曲线也是基于边际理论绘制而成的。此时,机器等固定设备的存在成为关键。例如,如果一台好设备只能生产出一个面包,那么这个面包相当昂贵;如果生产的面包增加到两个、三个……每增加一个面包成本就会下降。成本虽然下降了,但是下降的幅度越来越小,这就是"递减"观点。

边际成本刚开始是递减的。但是,如果超过了设备和产量的最佳关系生产面包的话,成本就开始递增。边际成本先递减后递增,就可以绘制出一条"U型"的边际成本曲线。这条曲线中向右上方倾斜的部分,即成本递增的部分,就是供给曲线。这就是供给曲线向右上方倾斜的原因。

边际理论集大成者马歇尔(Alfred Marshall,1842-1924)认为正是微分法把经济学转变为一门科学。

成本曲线先递减后递增是在机器设备不变增加产量的假设前提下才成立,这是经济学家做出的假设。不知他们是如何判断生产的现状。边际成本曲线虽然是当代经济学通用的理论,但是,果真如此吗？其现实性时常受到质疑。

马克思经济理论和边际理论产生于不同的时代。边际理论虽然产生于19世纪70年代，但是到90年代并没有完全普及，马克思也没有论及该理论。

古典政治经济学和马克思经济学认为，生产方式取决于技术，各种生产资料的构成、所有的资本品和劳动力的构成，在一定时期因生产部门不同而存在差异。商品价值由生产成本决定，如果生产增加1倍，资本与劳动构成比不变，生产要素也增加1倍。

不变资本c包括固定在生产场所的机器、厂房等和全部用于商品生产的原材料。前者称为固定资本，后者称为流动资本。流动资本的价值全部转移到新商品中去，固定资本价值逐渐转移，需要折旧。假如一台价值1 000万日元的机器能够使用10年，则一年转移100万日元，如果一年生产10万个商品，每个商品中包含10日元的机器价值。

在该理论中，不存在边际成本递减和递增这样的曲线。马克思认为，产量既定时，资本家在维持最优要素构成的情况下会不断扩大规模。[1]从古典学派到马克思，他们提出的生产成本理论更易于接受。

另外，关于需求的效用理论完全不适用于马克思。马克思认为，如果把欲望当成是决定价值的主要因素，就必须是在商品经

---

[1] 卡尔·马克思著，社会科学研究所监修·资本论翻译委员会译：《资本论》，新日本出版社1982年版。

第三章
皮凯蒂与马克思——马克思的反论

济产生之前的物物交换时期，此时，物物交换双方的欲望决定交换比率。①

但是，马克思认为随着机器工业和资本主义的发展，生产成本由技术决定，与劳动时间成正比，交换比率不是取决于交换双方的欲望，而是由生产方面决定价值。②

边际效用理论存在两个问题：第一，假定购买商品的人是连续性消费。但是，如果购买10听罐装啤酒，每天消费1听或10个人各消费1听的时候，边际效用不会递减。而且，如果喝了2听休息一阵，味觉恢复，再喝第3听，那么第3听比第2听更好喝。还有，像小说和DVD这样的商品，没有必要买两个一样的东西。卫生纸也不存在边际效用递减规律。第二，即使假设边际效用递减规律是正确的，也只是适用于消费理论。在交换时，若认为商品价值边际效用递减，就会存在问题，消费是在交换后才出现的环节。

现代价值论和马克思价值论的差异在于商品的定义。从《资本论》的交换过程理论来看，马克思所说的商品是从出售到购买的交换形式。商品首先是被人们需要的对象，然后其价格具有合理性，最后才会被人们购买。

消费者的满足是通过消费获取的，购买的商品已经不是商品了。即使假定边际效用理论是正确的，那它也只是消费理论，而不是决

---

①② 卡尔·马克思著，社会科学研究所监修·资本论翻译委员会译：《资本论》，新日本出版社1982年版。

定商品价值的理论。难以想象在消费之前的购买过程中，消费者会存在边际效用递减。

皮凯蒂和马克思之间的价值论存在着 150 年的鸿沟。价值论的差异对经济学理论产生了巨大的影响。

但是，如果明确这个差异，就能够明确皮凯蒂和古典学派、马克思之间的关系。皮凯蒂把经济学的研究课题又回归到古典学派和马克思研究的分配理论上。但是，他没有采用古典学派、马克思的理论基础，而是依据现代主流学派的理论解决这个问题。

第四章
不可理解的国家——日本

贫困与收入差距
——皮凯蒂与马克思的对话

◇

不可思议、谁都不担心

在皮凯蒂《新·资本论》（法文标题直译是"还能够拯救欧洲吗？"）中收录了关于日本的文章。这些文章的主题不是贫富差距问题，而是日本财政问题。《新·资本论》中收录了皮凯蒂发表在法国《解放者》报纸上的评论，以下评论发表于2011年4月5日。这是在推行安倍经济学之前的报道，有些老旧。当前的日本形势日趋严峻。

文章的题目是《日本——百姓是富翁政府却负债累累》。因为皮凯蒂对于日本人的所作所为尤为惊愕，所以，本书在此引用了有关论述。

欧洲人认为，日本人对国内的现状既不加以抑制，又毫不担心，实在是匪夷所思。日本政府债务量高达国内生产总值（GDP）的2倍，相当于两年的GDP总量，尽管如此，日本人却毫不担心，这到底是怎么回事？到底是怎样的情况，怎样的政策，让债务量如此之高？我们每天都看见日本政府债务占GDP的比重和绝对数额的变化，这些对于日本人来说是毫无意义呢，还是每次发表数字的时候，他们都是视为不见呢？[①]

[①] 托马斯·皮凯蒂：《新·资本论》，日经BP社2015年版，第251页。

第四章
不可理解的国家——日本

当然，我们无法知晓是否还有日本人担心这个问题。有问题的是媒体。报纸、电视台在报道财政危机时就如同报道他国的事情一样，完全不深入。自 2016 年 7 月①以来，日本媒体有默契地避开国内股市的负面报道，他们深入报道希腊债务危机，但是毫不关心自己的问题。希腊屡次引发国际金融动荡，但是从数据来看，日本的情况更加糟糕。图 4-1 表示世界各国政府债务总量占国内生产总值

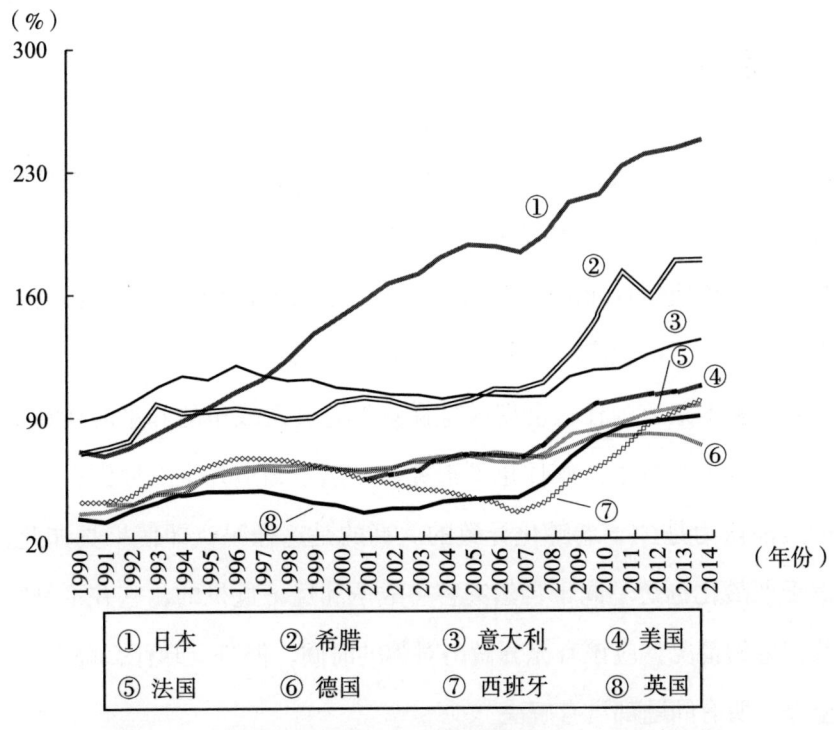

图4-1 世界各国政府债务总量占国内生产总值的比例

资料来源：IMF，Global Note，http://www.globalnote.jp。

---

① 2016 年 7 月 10 日日本众议院开始进行议员选举。

贫困与收入差距
——皮凯蒂与马克思的对话

的比例。日本的债务总量在世界也是极为突出的。

相当于2倍国内生产总值的政府债务总量并不会引发战争，也不会像雷曼兄弟倒闭那样引发金融海啸而带来巨额损失。在和平时期，只是把它纳入预算支出，其结果必将带来最严重的财务危机。皮凯蒂指出相当于国民收入2倍的债务总量在法国是史无前例的，在英国也仅仅是出现在拿破仑战争和第二次世界大战之后。但是，从拿破仑战争到第一次世界大战大约100年的时间，是大英帝国最繁盛的时期。而且，第二次世界大战后出现了高达两位数的通货膨胀。英国利用通货膨胀解决了财政问题。

日本在第二次世界大战后也出现过财政破产的情况。现在的财政状况和第二次世界大战后一片废墟的日本一样。当时，采用了冻结储蓄、更换新日元的强硬手段。如今的财政赤字水平和那时一样。现在的日本不可能像第二次世界大战后的英国那样幸运。

谁也不知道为什么会变成这样？没有爆发战争的和平时代却负债累累。太奇妙了。媒体也不追究。虽然不知道是谁的原因，但是世人都认为是少子老龄化导致的。真的是这样吗？即使果真如此，少子老龄化也是不同于自然灾害、战争和经济危机的，它并不是突然发生的情况，应该有充分做出对策的时间。但是，却什么都没做。至今，所有问题都没有解决。

这就是皮凯蒂眼中"不可理解的国家"。日本人也是不可理解的。皮凯蒂的结论是日本人可能是对现实视而不见，本书也是这么认为的。过于突出现实状况，会对选举不利，于是他们把这个问题排除

第四章
不可理解的国家——日本

在选举争论的焦点之外。

国债暴跌，不能用"超乎想象"去了解。财政破产会导致经济危机。面对日益临近的危机应该提前做好准备。因推行安倍经济学而推高股价，总觉得好像是在空中楼阁上吃最后的晚餐。

下面回到皮凯蒂的《新·资本论》。关于日本的评论，无论是分析还是结论都是十分简单明了的。日本政府债台高筑，但是在民间却隐匿着大量的金融资产。皮凯蒂主张"增税"！

皮凯蒂的主张属于收入再分配。对高收入者征税，对收入进行再分配，用于救助穷人，提高全社会的福利。这就是社会政策的基本思路。不能说因为是资本主义就应该那样做。既然是人类社会就应该这样做，或者说关爱全社会是社会共同体的规则，这很容易产生共鸣。

皮凯蒂不相信资本家。怀疑他们隐匿资产。在皮凯蒂的书中经常出现的是，以全球视角观察国民收入存在的矛盾。以下内容出现在《21世纪资本论》一书中，在《新·资本论》中也出现过有关日本的评论。虽然对欧洲的资本家进行了指责，但日本也不例外。

"但是，这种统计是不完善的。例如，从全球来看，真正的金融资产在全球范围内是负值。这在逻辑上是不可能的。如果地球的资产都转移到火星上去了，这另当别论。金融资产为负数，是因为有相当一部分资产留在了税收避难所，拥有这些资产的非居住者不会主动申报……

如果不进行调查、分析的话，就会有利于富人阶层。与积累财富相比，更有利于继承财产的富人。因为人们会想方设法保护后者吧。"①

皮凯蒂讨厌让诚实的人吃亏的社会。

皮凯蒂对日本政府的财政状况持悲观态度。在日本、欧洲和美国，个人资产一直高于政府和民间负债的总和。日本政府拥有的国有土地、公用资产和金融资产分别达到了国民收入的100%。但是，政府部门的资产状况正在恶化。而且，日本政府部门和民间部门拥有的对外净资产急剧增加。得出的结论是对民间部门进行征税。

虽然有些遗憾，现在不能期待出现通货膨胀。安倍经济学的目标是在两年之内货币发行量增加1倍，但是物价却没有上涨。愿望虽然美好，但是对物价却没有起到任何效果。如果物价没有上涨，用通常的手段减少财政赤字只能增加税收。皮凯蒂对日本提出的建议，也是对富人阶层征收累进所得税和资本税。

但是，即便如此，1 000兆日元的债务总量（国债＋借款＋政府短期证券等）也是惊人的。日本国家预算大约是100兆日元。税收只有它的一半。而税收的一半要用于支付国债费用，即支付本金和利息。本书认为现在即使增加税收也于事无补。

政府提出财政重建的目标是实现基础财政收支平衡或者财政盈余。基础财政收支平衡是在假定财政收支中不包括偿还国债本金和利息所需费用的前提下，实现的财政平衡。像日本这样已经背负巨

---

① 托马斯·皮凯蒂：《新·资本论》，日经BP社2015年版，第252~253页。

第四章
不可理解的国家——日本

额债务的国家是不适用这个标准的。国债费用在平成27年（2015年）的年度预算中就已经超过了23兆日元。实现基础财政收支平衡是很困难的，即使实现了，也只有每年积累的巨额赤字。并非财政收支已经平衡，而是忘记了过去的账单。作为财政重建目标，这不过是毫无意义的目标。

从图4-2可以看出，在多次发生债务危机引发严重财政问题的希腊，基础财政收支是平衡的（-0.01），在存在财政问题的意大利，基础财政收支也是平衡的（+1.41）。基础财政收支平衡当真是财政健全化的合理指标吗？不过，从另一种角度来看，基础财政收支平衡是有意义的，即基础财政收支盈余的国家，即使不能偿还债务本金和利息，也是有可能恢复的。但是，如果出现像日本那样的巨额赤字就只能破产了。

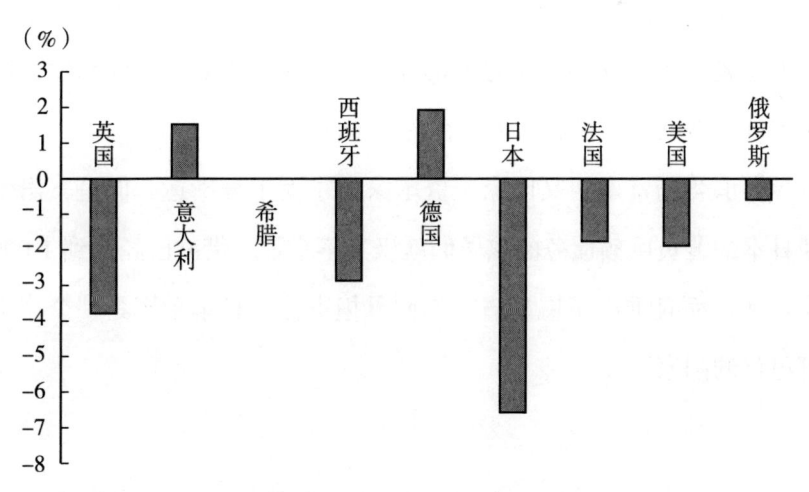

图4-2 基础财政收支占国内生产总值比值的国际比较

资料来源：IMF，Global Note，http://www.globalnote.jp。

虽然日本基础财政收支的状况明显不佳,但是在图 4-1 中,国债总量占 GDP 的比重并非那么显著。基础财政收支平衡很有可能是避开严重的财政问题而设定目标。

日本少子老龄化问题之所以难以解决,是因为财政问题很严峻。人口减少导致国民收入下降,但并非是人均国民收入下降。就是说,即使国民收入下降,国民是否富裕还是取决于人均国民收入。

人口众多在战争爆发和举行奥运会时有帮助,但是与每个国民的幸福是无关的。在这点上,皮凯蒂过于看重人口下降对经济增长减速的影响。如果经济增长率不是按照国民收入,而是按照人均国民收入测度的话,皮凯蒂所说的发达国家低经济增长问题或多或少将会得到修正。

但是,在财政问题上,少子老龄化问题日趋严重。人口少使得孩子们要背负过去累积的全部债务。对于孩子们来说,现在国家的制度不是他们创建的。是之前的几代人创建、不断改进的制度,这个制度存在缺陷,最后却由现在的孩子们埋单。

在承袭制资本主义国家,资本家的子女十分幸运。但是,出生在日本的背负巨额债务的孩子们就极其不幸了。借款已经达到 1 000 兆日元,而且谁也不愿反省,不愿承担责任。日本果真是一个"不可思议的国家"。

第四章
不可理解的国家——日本

◇

日本的泡沫

皮凯蒂认为，日本经济泡沫是一种特殊的现象。皮凯蒂给出的定律 $\beta=s/g$ 对于观察资本价值 β 的变动趋势是有意义的。在此，再次分析第二章的图 2-5。这幅图显示了发达国家资本价值的变动趋势，同时也显示出日本的特殊性。

在图 2-5 中，日本是最突出的。在研究期间，β 值基本上一直居于高位，尤其是 1986~1991 年的泡沫经济时期 β 值快速上升。最高时期的资本价值接近国民收入的 800%。

现在的资本价值没有超越这个时期。与日本泡沫相比，美国的 IT 泡沫、雷曼冲击前的次级贷引发的房地产泡沫看起来更加扑朔迷离。

如图 2-5 所示，1990 年日本泡沫破灭时的资本价值是 1985 年泡沫开始时的 1.5 倍。再补充一句，1985 年初时股价是 11 542.60 日元，到 1990 年底股价是 38 915.87 日元，相当于 1985 年的 3.37 倍。1989 年 12 月 29 日达到最高值 38 957.44 日元。推行安倍经济学期间，记录的股价最高值是 20 000 日元，大约相当于泡沫时期最高值的一半。

虽说是泡沫，但是，当时的泡沫和现在的泡沫不同。当时实际经济增长率高，1988 年为 6.5%、1989 年和 1990 年为 5.3%。泡沫伴随着实体经济的快速发展。

而此次股价上涨却没有伴随实体经济的发展。不仅仅是日本，世界各国的实体经济都持续低迷，但是只有日本的股价一直上涨。日本2014年的经济增长率为负数。尽管如此，股价却在一年之间从15 000日元上涨到20 000日元，上涨33%。

股票是经济发展的先行指标，一般来说，股价上涨意味着经济发展良好，但是如今却和经济发展没有关系，现在是可以操纵股价上涨的时代。可以说，这都是受世界范围内量化宽松货币政策的影响。

人们曾经沉浸在实体经济和股价联动发展的泡沫时期。但是，这次却没有人沉浸其中，因为实际工资的长期低迷已将这种氛围一扫而空。

第四章
不可理解的国家——日本

◇

新殖民地的支配？

皮凯蒂从图 2-5 中指出日本的特殊性。图 2-5 的下方包括净国外资产与国民收入之比。表示国外拥有的净资产增减变化的情况。与国内资产相比，它的数值比较低，所以在这幅图中是不显著的。2000~2010 年，日本的净国外资产达到国民收入的 70%，德国的净国外资产也接近 50%，增速很快。

皮凯蒂指出资本家不仅支配自己的国家，而且还支配外国。图 2-5 中能够看出日本和德国在国外的资产急剧增长的趋势。但是，在下面的引文中，隐约可见皮凯蒂的真实想法。

"诚然，同英法两国在'第一次世界大战'前夕的国外净资产数量（分别是近 2 年和 1 年多的国民收入）相比，日德两国现在的规模还小得多。但考虑到积累的迅速程度，我们很自然想知道这样的趋势是否将一直持续下去……殖民地时期看到的巨额净国外资产是否会重现甚至被超越？"[1]

皮凯蒂指出，"第二定律 $\beta=s/g$ 的作用可能自动导致很大的国际资本不平衡，日本就是一个很突出的案例。"[2] 增长率、储蓄率细微

---

[1][2] 托马斯·皮凯蒂：『21 世紀の資本』，みすず書屋 2014 年版，第 196 页。

的差异可能会导致 β 的差距扩大，β 大的国家向国外进行投资，"这有可能带来严重的政治冲突。"①

日本海外投资究竟会带来怎样的国际紧张局势，书中没有列举出任何具体的事例，因此无法做出评价。但至少皮凯蒂是这么认为的，我们就把它记住吧。

---

① 托马斯·皮凯蒂：『21世紀の資本』，みすず書屋2014年版，第197页。

第四章
不可理解的国家——日本

◇

作为泡沫理论的 $\beta=s/g$

皮凯蒂指出,日本的案例还显示了"第二类风险"。随着 β 增大,该国国民偏好国内资产(如日本国民偏好房地产),则可能导致那些资产的价格被抬到前所未有的高点。泡沫时期,土地价格上涨,将近原来的 4 倍。

同样的事情也发生在西班牙,2007~2008 年西班牙的 β 超越日本泡沫时期,达到 800%。又和日本一样,在 2010~2011 年急剧下降。由此可见,公式 $\beta=s/g$ 可能作为泡沫理论继续发展下去。

但是,总觉得有问题。那就是储蓄率。据报道,现在日本家庭储蓄为负。图 4-3 显示国际的储蓄率变动趋势。日本家庭储蓄低下尤为显著。

于是,就产生了疑问:在低储蓄率的日本,公式 $\beta=s/g$ 中的 β 存在上升的可能性吗?

图 4-4 根据皮凯蒂提供的储蓄率绘制而成。如图 4-4 所示,从 1970 年开始,日本储蓄率为 14.6%,位居世界前列。不过,该储蓄率与日本家庭储蓄率急剧下降的现实不符。皮凯蒂认为储蓄中还包含企业内部留存收益。

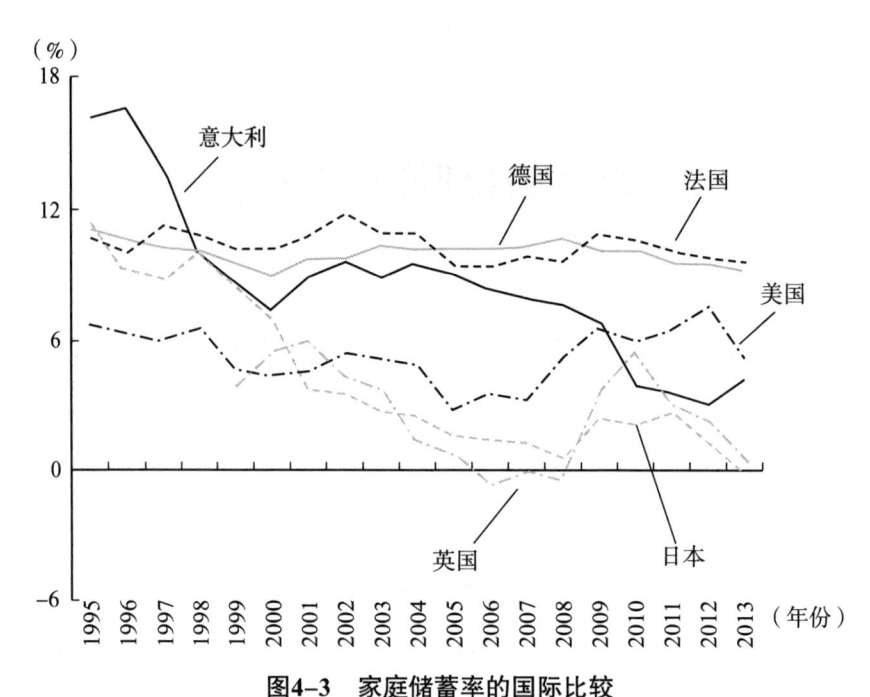

贫困与收入差距
——皮凯蒂与马克思的对话

图4-3 家庭储蓄率的国际比较

资料来源：Global Note, http://www.globalnnote.jp，出自经济合作与发展组织（OECD）。

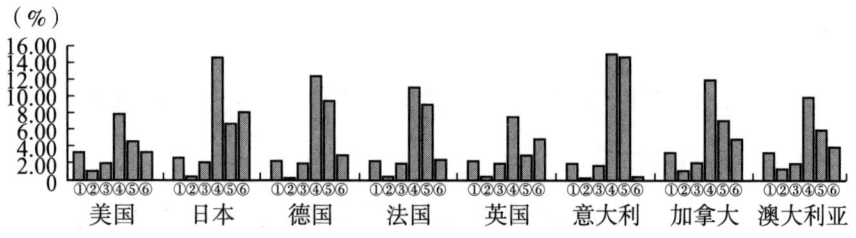

图4-4 包含储蓄构成的国际比较（1970~2010年）

①国民收入增长率　②人口增长率　③人均国民收入
④私人储蓄占国民收入之比（扣除折旧基金）
⑤私人储蓄（不含企业储蓄）　⑥企业净储蓄（内部留存）

资料来源：笔者根据皮凯蒂提供的数据绘制而成，http://piketty.pse.ens.fr/capital21c。

日本企业内部留存收益相当于国民收入的7.8%。仅次于日本的

第四章
不可理解的国家——日本

是加拿大，为4.9%。企业内部留存收益占全部储蓄的53%，家庭储蓄占47%。

该统计是1970~2010年的平均值。现在，日本家庭储蓄已经下降很多。但是，企业内部留存收益不断增加，所以，从整体看，皮凯蒂认为日本是一个高储蓄率国家。因此，表示资本实力的资本/收入比 β 有可能很大。

再补充一点，根据日本财务省发表的法人企业统计数据，开始推行安倍经济学的2013年4~6月期间，企业内部留存收益约279兆日元，2014年4~6月达313.629兆日元，增长12%。日本家庭储蓄即使为负，包括企业内部留存的储蓄率依然很高。很多经济学教科书都把"家庭"当作储蓄的主体，把企业当作"借款人"。然而，现在的日本，企业是储蓄的主体。

尽管如此，皮凯蒂的公式 $\beta=s/g$ 还是以储蓄被用于投资为前提的。仅从包含内部留存收益的储蓄率这一数据来看，日本经济的现状似乎印证了皮凯蒂的理论。但是，这一点与现实情况不符。日本经济的严峻性在于储蓄与投资无关，企业内部留存收益没有用于投资。

企业在内部留有大量的资金，却不将这些资金用于投资。不仅是日本，世界各国执行的量化宽松货币政策都想要为企业提供大量资金。姑且不论，企业内部留存收益较少的其他国家，日本企业拥有大量内部留存收益令世界瞩目。在企业自身拥有大量资金的情况下，实在看不出通过实行量化宽松货币政策提供资金还有什么重要意义。

低增长和人口下降

增长率 g 下降对资本 / 收入比 β 产生很大的影响。从一国的角度看,人口下降对增长率又会产生很大的影响。不幸的是,日本就是由于人口下降很早就进入了少子老龄化社会。

如图 4-5 所示,皮凯蒂以 1700 年为界,分为工业革命以前和工业革命以后两个阶段。工业革命以前人均产量完全没有增长,与人口增长相适应的年产出仅增加 0.1%。人口在 0~1700 年间每年也只是增加 0.1%。如果这个数据正确的话,那么,工业革命以前甚至连经济增长都不存在。

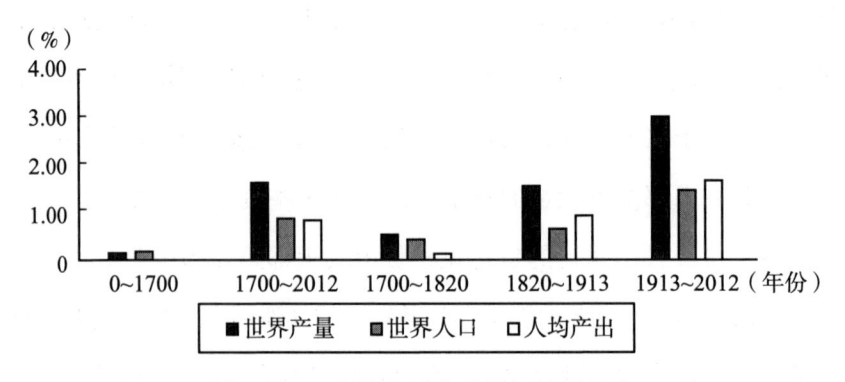

图4-5 工业革命以来世界经济增长率

资料来源:笔者根据皮凯蒂提供的数据绘制而成,http://piketty.pse.ens.fr/capital21c。

从 1700 年开始出现经济增长。世界产量每年增长 1.6%。人口增

第四章
不可理解的国家——日本

长为0.8%。从19世纪到20世纪，经济增长极为显著。1913~2012年，世界产量年增长3.0%，人口增长为1.6%。尽管人口爆炸已经成为当今国际性问题，但是人口增长率还是一个很低的数字。

但是，皮凯蒂认为人口增长率这个数字不低。因为1%的增长按照30年一代人累计计算的话是35%，100年是27倍，1000年是2万倍。

另外，发达国家的经济增长如图4-6所示，欧洲、美国的人均国民收入增长率在1950年达到顶峰后，开始下降，现在人均国民收入增长率降到1.5%左右。

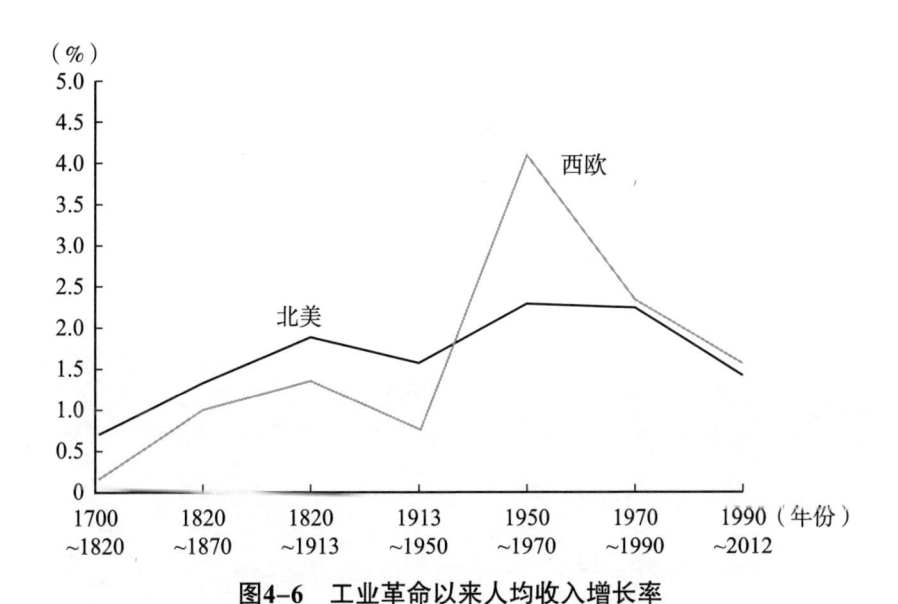

图4-6 工业革命以来人均收入增长率

资料来源：http://piketty.pse.ens.fr/capital21c。

日本在经济高速增长时期经济增长率达到10%左右，泡沫时期

贫困与收入差距
——皮凯蒂与马克思的对话

为6%，泡沫破灭后经济持续低迷。1991年以后的增长率不到1%。人口增长率在此期间仅仅维持在0.2%的微弱水平。不过，在皮凯蒂看来，这不过是发达国家的一般情况之一。人口增长率和经济增长率持续双低，日本表现得最为突出，但这不是只有日本才有的特殊情况。

第四章
不可理解的国家——日本

◇

皮凯蒂视角下的日本富人阶层

下面介绍一下日本数据。这些是1947~2010年的数据。我们来看一看皮凯蒂的分析是否适用于日本。皮凯蒂分析中最重要的地方就是前10%的富人收入占国民收入的比重（见图4-7）。

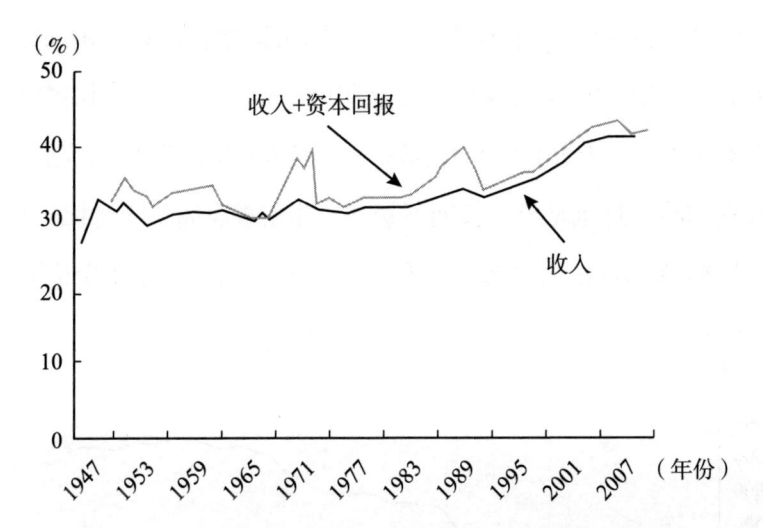

图4-7　1947~2010年前10%富人收入占国民收入的比重

资料来源：WTID，笔者根据 http://topincomes.parisschoolofeconomics.eu 提供的数据绘制而成。

如图4-7所示，收入（扣除资本回报）呈现出平稳的上升趋势。在此期间，美国则呈现出"U"型曲线右半部上升的趋势，图4-7没有显示出美国那样显著的上升趋势。

日本富人阶层的情况比较复杂。收入差距在泡沫破灭之后明显扩大。同时，如果假定这是由于日本经济长期不景气所导致的结果，那么，低经济增长扩大收入差距就与皮凯蒂的命题相符。

另外，包含资本回报的图形出现过三次波动。分别是第一次石油危机（1973年）之前、泡沫经济时期（1985~1991年）、次贷危机（2008年）爆发前。图形波动呈现出急剧上升与急剧下降的变化趋势。资本回报是一时的，难以形成一个稳定的富人阶层。关于次贷危机之后的情况，将在下一章论述。

前10%富人收入占国民收入的比重在泡沫时期是33%，泡沫破灭后一度下降，再后来又超过40%。因为前10%富人阶层收入占国民收入的比重不断增长，导致收入差距持续扩大。其他阶层的收入占比则从67%下降到60%。这也是经济长期不景气、非正规雇佣急剧增加的时期。

根据WTID的统计数据，能够确认前10%阶层的最低年收入（见图4-8）。

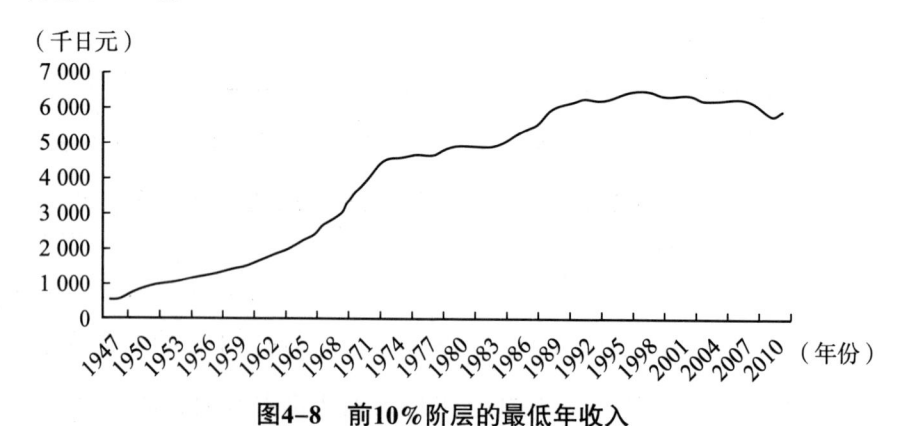

图4-8 前10%阶层的最低年收入

资料来源：WTID，笔者根据 http://topincomes.parisschoolofeconomics.eu 提供的数据绘制而成。

第四章
不可理解的国家——日本

以日本为例，如果假定前10%是富人阶层，那么他们的最低年收入在进入21世纪之后开始下降。长期经济不景气，导致富人阶层濒临崩溃。

在美国，前1%的最富阶层收入占国民收入的比重正在迅速上升，但是日本却并非如此。皮凯蒂利用图4-9说明在盎格鲁撒克逊国家也出现了和美国相同的变动趋势，而欧洲和日本却不同。

皮凯蒂指出，从整体上看，前1%最富阶层所占的比重正在缓慢上升。

在图4-9中，日本与法国的曲线重合。因此，可以看出，与法国相比，日本前1%富人阶层的支配能力正在不断增强。

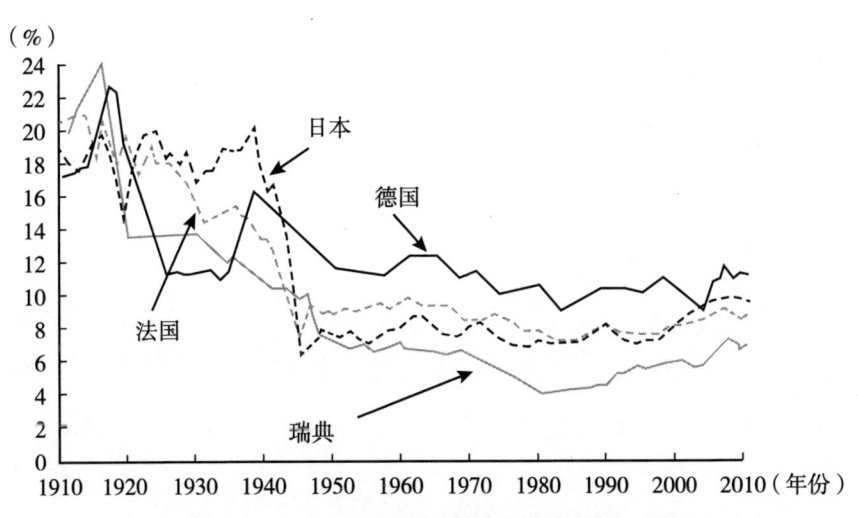

图4-9 1910~2010年欧洲大陆和日本的收入差距
（前1%最富阶层在国民收入中的占比）

资料来源：http://piketty.pse.ens.fr/capital21c。

第五章
用皮凯蒂和马克思的观点解读安倍经济学

贫困与收入差距
——皮凯蒂与马克思的对话

安倍经济学的圈套

2015年4月17日日本《每日新闻》早报上刊登了纳税者人均收入基尼系数的变动趋势图（见图5-1）。

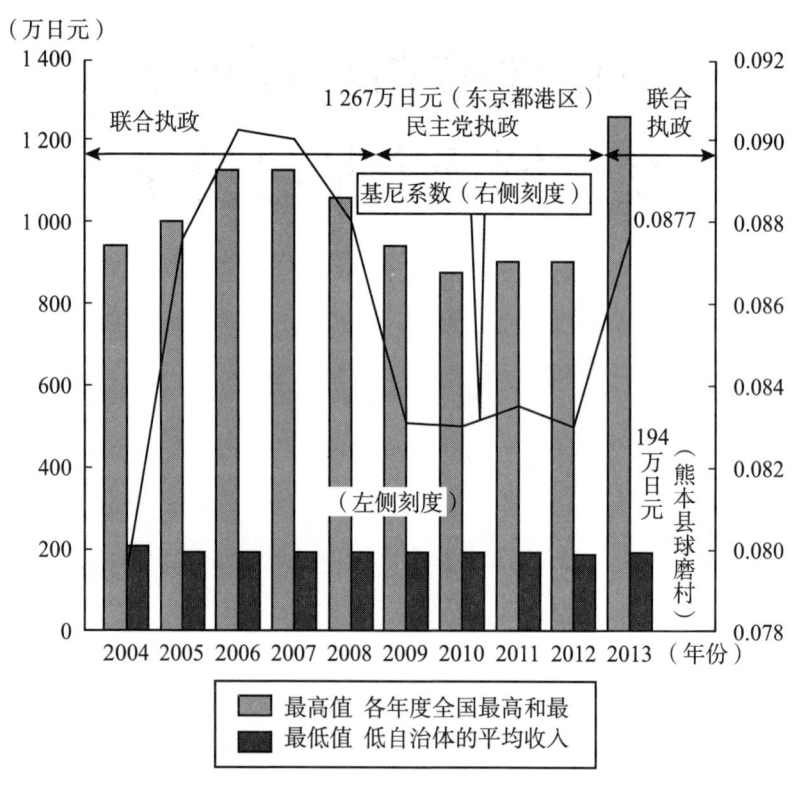

图5-1 平均收入和基尼系数变动趋势

资料来源：日本《每日新闻》2015年4月17日早报。

第五章
用皮凯蒂和马克思的观点解读安倍经济学

基尼系数是衡量收入差距的一般性指标。数值在 0~1，越接近 1 表示收入差距越大。0 表示完全平等。基尼系数一般用来衡量个人收入差距。《每日新闻》上刊登的是地区基尼系数，因此，衡量地区基尼系数的数值小于通常公布的基尼系数。但是，地区基尼系数能够反映出地区之间的收入差距，具有现实意义。

有趣的是，这则报道可以看成是执政党的执政记录。即在自民党和公民党联合执政时期收入差距不断扩大，民主党执政时期收入差距逐渐缩小。

据《每日新闻》报道，小泉纯一郎推行结构改革时期，基尼系数上升，收入差距扩大；次贷危机后基尼系数持续下降；到安倍晋三执政的 2013 年，基尼系数时隔 7 年又开始大幅上升。

民主党在次贷危机后成为执政党，这个时期正是富人收入来源的资本回报不断下降的时期。这可能是民主党执政时期，收入差距缩小的主要原因。

但是，自民党执政采用的政策又促使收入差距扩大。小泉执政时期，放松管制、引进市场竞争机制，增加非正规雇佣，加剧优胜劣汰。

安倍执政时期，由于采用量化宽松货币政策，导致股票和房地产价格不断上涨，在此期间，工资却在不断下降。有产者和无产者之间的收入差距日益扩大。收入差距的扩大与执政党的政策有关，《每日新闻》同时公布基尼系数变动与执政党的意图正是如此。

表 5-1 是《每日新闻》公布的区、市、町、村的收入水平，令人出乎意料。

表 5–1　　　　　　　2013 年度各地区收入比较　　　　单位：千日元

前十名		后十名	
（1）东京都港区	12 667	（1）熊本县球磨村	1 939
（2）东京都千代田区	8 988	（2）熊本县山江村	1 990
（3）东京都涩谷区	7 566	（3）北海道上砂川町	2 000
（4）兵库县芦屋市	6 317	（4）秋田县东成濑村	2 012
（5）北海道猿払村	6 265	（5）岩手县九户村	2 029
（6）东京都目黑区	6 159	（6）冲绳县大宜味村	2 046
（7）东京都中央区	5 931	（7）高知县大丰町	2 062
（8）东京都文京区	5 808	（8）冲绳县国头村	2 066
（9）东京都世田谷区	5 364	（9）秋田县藤里町	2 074
（10）长野县轻井泽区	5 138	（10）冲绳县今归仁村	2 084

资料来源：《每日新闻》2015 年 4 月 17 日早报。

表 5-1 是各地区平均收入对比表。左侧是排名前十位的地区，右侧是排名后十位的地区。《每日新闻》通过这些数据证实了日本推行安倍经济学以后，引发股价上涨，造成大都市的一部分自治体的居民收入增加，扩大了区域间的收入差距。

《每日新闻》分析其主要原因如下：第一，大规模放松银根导致日经平均股价上升，2013 年末日经平均股价是 2012 年末的 1.6 倍。第二，在此期间，劳动者和个体营业者的收入基本维持不变。第三，2013 年短期房地产买卖收入是 2012 年的 1.4 倍，股票转让、上市股票的股息收入增长是 2012 年的 3.1 倍，资产收入总和比 2012 年增长 70.9%。股票、房地产这些非劳动收入是扩大收入差距的原因。

从结果来看，平均收入最高的东京都港区是最低的熊本县球磨村的 6.5 倍。通过地区间的收入差距可以清楚地得知两极分化产生

第五章
用皮凯蒂和马克思的观点解读安倍经济学

的原因。平均收入前十位的大部分（除去以捕捞扇贝闻名的北海道猿扒村等地区）都集中在东京都地区。

根据《每日新闻》的调查分析，可知股票、房地产价格的上升促使日本各地区间的收入差距不断扩大，并且超过了个人收入差距。下文主要研究安倍经济学的政策意义和存在的问题。

小麦之国

为了分析当今的日本经济，还需从实物经济入手。

假定有一个国家只生产小麦。在这个国家，农业不是自耕农的个体经营模式，而是公司经营模式。假定生产出小麦10吨。资本家用小麦向劳动者支付工资。假定支付6吨，资本家获得利润4吨。如果资本家支付工资是5吨小麦，利润就为5吨。在小麦之国，这种关系是显而易见的。

工资增加会导致利润下降，利润增加会导致工资下降，10吨小麦在资本家和劳动者之间分配。

假定该国还生产小麦以外的其他产品。因为全部产品都由劳动者生产，所以将劳动时间作为衡量尺度。全部劳动时间里，将部分时间段创造的劳动产品作为工资支付给劳动者，剩余的部分就是资本家的利润。劳动时长不变，在该时间内创造出的产品数量也不变。

但是，随着货币的出现，信用经济快速发展，股东获得股息、资本回报。得到股息收入的人们不生产小麦，仅仅拥有股票，假定这些人获得2吨小麦，剩余8吨小麦，这样从事生产经营活动的资本家的利润和劳动者的工资都会相应减少。

2014年度日本国民收入不仅没有增长，甚至增长率为 –1%，实际国民收入没有增长。蔬菜、水果、鱼的产量比 2013 年略有下降。只有股价上升，持股人通过股息、股票买卖获取的资本回报不断上升。这势必会造成某些人的收入下降。实际工资持续下降，对劳动者产生影响。

如第三章所述，马克思用 m/v 表示资本家和劳动者之间的关系。v+m 的价值由总劳动时间决定。若总价值不变，资本家获得的利润上升就会造成劳动者的工资下降。

虽然马克思也曾论及过股票问题，但是马克思所处的时代股份公司并不多见。因此，马克思没有把股东收益问题纳入阶级分析之中。如皮凯蒂所言，把这个问题纳入研究对象，就会得出资本家和劳动者收入存在此消彼长关系的结论。

从古典学派、马克思的视角来观察当今世界，股价上升可能是造成经济低迷情况下工资下降的原因。股价上升非但没有促进经济复苏，反而拖累经济复苏。尤其是，政府金融机构购进股票极大地推升了股价，日本银行发行大量货币却没有促进国民收入增长。可以说，工资下降与执行的金融政策密切相关。

增长与管制

马克思认为资本主义的生产规模会不断扩大。维持生产规模不变的生产，违背资本的目的。因为资本追逐利润最大化。

马克思把生产的继续称为"再生产"，并分为简单再生产和扩大再生产。简单再生产资本家把获得的利润全部用于个人消费。因为简单再生产是扩大再生产的基础，所以马克思先从简单再生产分析入手，也就是说，他暂时没有考虑现实性。他把扩大再生产视为资本主义的常态。

马克思认为资本家将剩余价值（利润）的一部分投入生产，用于扩大再生产。这是资本主义的常态。当今的日本，国民收入时常出现负增长，这种情况完全出乎马克思意料。

生产规模的扩大取决于资本家将剩余价值（利润）转化为投资的比例。这里追加的投资不只是用于购买机器设备，还用于追加劳动力和原材料等生产要素。

《资本论》经济周期理论的焦点就是经济危机理论。19世纪的英国在1825年爆发了第一次经济危机，随后1836年、1847年，基本每10年爆发一次经济危机。马克思提出的"不景气"就是指经济危机之后出现的经济低迷期。与当今的经济周期理论不同。

第五章
用皮凯蒂和马克思的观点解读安倍经济学

马克思所处的时代，是一个经济危机造成经济崩溃后又可以促进经济更快增长的时代。而进入20世纪以来，经济一直持续不景气。不过，马克思的经济危机理论依然适用于分析当前经济不景气的现实。

马克思认为经济危机造成的混乱就是革命的机遇。值得一提的是，1847年的经济危机是与席卷欧洲的市民革命风暴同时爆发的。于是，马克思预测下一场革命会在下一次经济危机中爆发。他在大英博物馆里，制定了在下一次经济危机爆发之前的研究目标，开始专心撰写《资本论》。

但是，马克思亲自归纳总结的经济危机理论并没有留存下来。《资本论》第二卷（1885年）、第三卷（1894年）都是由恩格斯编辑出版的。恩格斯只是以《资本论》中随处可见的与经济危机有关的部分为参考，整理出马克思的经济危机理论。马克思经济危机理论整理如下：

第一，销售与购买分离。市场经济结构自身就包含着危机的可能性。在马克思看来，销售环节与购买环节不一样，它是销售者"惊险的一跃"。消费者可以随时购买，但是销售者总是困难缠身。消费者是"上帝"，销售者是"仆人"。

第二，产业部门之间比例失衡理论。资本主义经济不是计划经济，是由市场调节生产的市场经济。市场职能没有充分发挥作用的时候，就会出现生产过剩部门和生产不足部门之间的失衡现象。这是经济危机爆发的原因。

第三，生产过剩理论。资本主义经济为了追求利润最大化，提高生产力，生产出大量的商品。当供大于求时就会引发经济危机，商品过剩却无人购买。

第四，消费不足理论。资本家增加利润的方法之一就是降低工资。的确，马克思提出过以生存费用为前提的剥削理论。但是，加强剥削是资本家的常态，这就是降低工资的诱因。工资下降导致需求不足。资本家过度剥削会导致消费不足，进而引发经济危机。

生产过剩理论和消费不足理论是对同一个事物从两个方面的研究结果。为了追求利润最大化不断扩大生产规模是造成生产过剩的原因，而消费不足是资本家降低工资、过度剥削的结果。在这点上，二者存在区别。

第五，资本过剩理论。这里的资本过剩是指资本相对于劳动力是过剩的。劳动力不能按照需求在工厂进行生产。只能在家中等待"再生产"。在经济周期繁荣阶段，随着生产规模的扩大，资本家对劳动力的需求也随之增加。劳动力商品因其特殊属性，劳动力供给会出现不足。于是，就会提高工资，减少利润。但是，相互竞争的资本不可能限制自己的生产，扩大生产规模势必会导致危机爆发、经济崩溃。

第六，信用的作用。资金供求紧张的时候，利息率上升，利润下降。由于无力支付导致企业、银行倒闭，经济危机进一步扩大范围。

当今的日本，在马克思看来就是消费严重不足。日本劳动者的工资降低和非正规雇佣的急剧增加，使得中产阶级破产，需求降低。

第五章
用皮凯蒂和马克思的观点解读安倍经济学

如果需求不足，企业就不会追加投资。所以，现在的日本企业即使在企业内部拥有大量的留存收益也不追加投资。因为商品滞销。降薪会导致消费下降。商品的销售和消费是不对等的。销售者也是困难重重，在消费不足的情况下，作为"惊险的一跃"的销售会面临更大的困难。

安倍经济学的经济思想

安倍经济学的基本观点是通过调节货币供应量，提高经济活力。为了摆脱通货紧缩，决定增加货币供应量，这种观点是基于如果增发货币会造成物价上涨这个假设前提。物价波动取决于货币供应量的变动，这种思想被称为货币主义。自此，货币数量论出现在教科书中。

纵观经济学的发展历史，安倍经济学的经济思想继承过去的理论，是现代复活的弗里德曼（Milton Friedman，1912-2006，1976年获诺贝尔经济学奖）。

在皮凯蒂的《新·资本论》中，收录了一篇发表于2006年11月10日的文章《献给米尔顿·弗里德曼》。下面引用一下开头。

"上周，诺贝尔经济学奖得主米尔顿·弗里德曼逝世，享年94岁。他是一位难以让人产生共鸣的人物。虽然对有信念的人来说是常有的事，但在经济方面的超自由主义思想（市场至上主义，限制国家权利理论），在某种意义上，这是一种违反自由主义的政治思想（惩罚市场失败者的权威主义国家）。"[1]

---

[1] 托马斯·皮凯蒂：《新·资本论》，日经BP社2015年版，第81页。

第五章
用皮凯蒂和马克思的观点解读安倍经济学

皮凯蒂在《新·资本论》中随处可见"左派""右派"这些用语。这些词语在日本已经不再使用，但是在欧洲却还是常用语言。皮凯蒂是左派，弗里德曼是右派。左派强调以财政政策为主，右派强调以货币政策为主。在政治上，皮凯蒂和弗里德曼是不相容的。倘若马克思尚在人世，他也属于左派。

即使二者在政治思想和经济政策方面相对立，但是，皮凯蒂依然把弗里德曼作为一名研究者来进行评价。皮凯蒂对弗里德曼的著作《美国货币史 1867–1960》（Friedman and Schwartz, 1963）做出了高度评价。皮凯蒂很重视实证研究。弗里德曼通过实证研究得出调整货币量能够控制物价水平的结论，皮凯蒂通过实证研究推导出公式 $r>g$，二者具有异曲同工之处。

不过，二者的立场截然不同。安倍经济学的经济思想出现在货币数量论的文章中。

货币数量论的出现是反凯恩斯主义的。第二次世界大战后的经济政策以凯恩斯理论为依据，由于实行凯恩斯的财政政策，资本主义经济也能实现充分就业和福利社会。冷战时期，以苏联为首的社会主义国家占地球的 1/3。凯恩斯理论担负着资本主义的未来。

弗里德曼批判凯恩斯的经济政策过于依靠国家财政支出，主张把政策重心从财政政策转移到货币政策，并把通货膨胀、滞胀的责任都归因于凯恩斯政策。

美联储（FRB）主席沃尔克采用弗里德曼的政策，大幅提高利率，利率高达 20% 以上，导致失业率急剧上升，却牢牢控制住了两位数的高通货膨胀。

弗里德曼的理论成为里根经济政策（即里根经济学，Reaganomics）的理论基础。里根经济学是用里根的名字 Reagan 和 economics 合并创造出的词语。

货币主义的创始人是芝加哥大学的弗里德曼教授，他的理论被称作货币主义。坚持货币主义理论的学者被称为货币主义者。因这些学者多来自芝加哥大学，因此又被称为芝加哥学派。诺贝尔经济学奖得主多出自该学派，因此，货币主义已经成为当今的主流经济学。

除了美国里根政府，货币主义还被英国撒切尔政府采用，并且与政治保守主义紧密结合在一起。他们相信市场机制，采用自由主义经济政策。市场主义、自由主义成为经济思想的保守主义。根据经济思想史的发展，自由主义就是保守主义。

19世纪，英国资本主义正处于发展时期，也是自由主义政策的鼎盛时期。当时，经济繁荣与两极分化并存。皮凯蒂提出警告，认为21世纪有可能重蹈19世纪覆辙。

皮凯蒂认为19世纪经济发展的同时伴随两极分化的出现，两极分化是工人运动、社会主义运动发展的基础。资本主义的高度繁荣，使得社会分化为资本家、工人、地主三大阶级，导致阶级间的收入差距不断扩大。

而且，在经济繁荣中，资本主义开始爆发周期性经济危机。周期性经济危机一词最早出现在马克思《资本论》中。自由主义带来两极分化和经济危机这样的负面影响。

第五章
用皮凯蒂和马克思的观点解读安倍经济学

安倍经济学的第一支箭就是奉行限制政府职能的市场主义思想。皮凯蒂认为通过税制改革实行收入再分配，必须加强政府对经济的控制能力。因此，其经济思想不符合第一支箭。

马克思否定增加货币量会导致物价上涨这种观点，他认为货币的增加并非提高物价，而应是根据物价和产量决定货币量。

安倍经济学的第二支箭是相机抉择的财政政策。相机抉择的财政政策本身就与量化宽松的第一支箭不相称，还与当前的财政赤字相矛盾。因此，相机抉择的财政政策可能是量化宽松政策的补充措施。

安倍经济学的第三支箭是增长战略。虽然整体政策尚不明确，不过放松各种管制已经成为安倍经济学的主轴之一。这是市场主义的基本观点。最早实行放松管制的国家，具有吸引外国资本流入的先行者优势。但是，这是20世纪80年代实行的经济政策，在当今已经不再具有先行优势了。它只不过是确保与其他国家步调一致而已。皮凯蒂认为奉行市场主义造成世界性的两极分化，因此，市场主义饱受争议。19世纪的自由主义在21世纪即将复活。从这个意义上看，自由主义是保守主义。

安倍经济学第一支箭的效果

从 2013 年 4 月~2015 年 4 月实行量化宽松货币政策（安倍经济学第一支箭）已有两年，两年是展示成果的期限。

2015 年 4 月承诺"2 年内将货币总量增加 2 倍，将物价提高 2%"，现在已经过了 2 年。然而，扣除消费税后的物价完全没有上升。货币数量论根本无法解释，增发货币物价却没有上涨这种情况。

日本经济的现实，无情地打破了主流经济学的观点。

日本银行通过购买国债实现增发货币的目的。日本银行从民营金融机构购买国债，金融机构持有的国债转移到日本银行手中。日本银行是银行的银行，各民营金融机构在日本银行拥有账户。日本银行将购买国债的资金汇入这些账户。这就是日本银行向民间供给货币的方法。

这种经济政策最大的好处就是交易费用为零。它并不是印刷日本银行券并直接汇入银行账户。只是民营金融机构在日本银行账户上的余额发生变化。

日本银行的国债持有量 2015 年 4 月末约为 280 兆日元。安倍经济学开始前的 2013 年 4 月末约为 134 兆日元。相当于在两年内，增加 146 兆日元，增加 109%。尽管货币发行量超过预计的 2 倍，物价

第五章
用皮凯蒂和马克思的观点解读安倍经济学

却依然没有上涨。理由很简单：2013年4月末活期储蓄约为66兆日元，2015年4月末约为210兆日元，增加144兆日元。虽然不知道具体情况，但从数字来看，货币没有从日本银行取出来。3年后的2016年4月10日日本银行的国债持有量约为354兆日元，活期储蓄为277兆日元。通过购买国债实行宽松货币政策的效果依然没有显现出来（日本银行《营业旬度报告》）。

图5-2是依据日本银行的数据绘制而成。日本银行的统计数据中，将纸币称为"通货"，将铸币称为"货币"。在此，我们统称为"通货"。

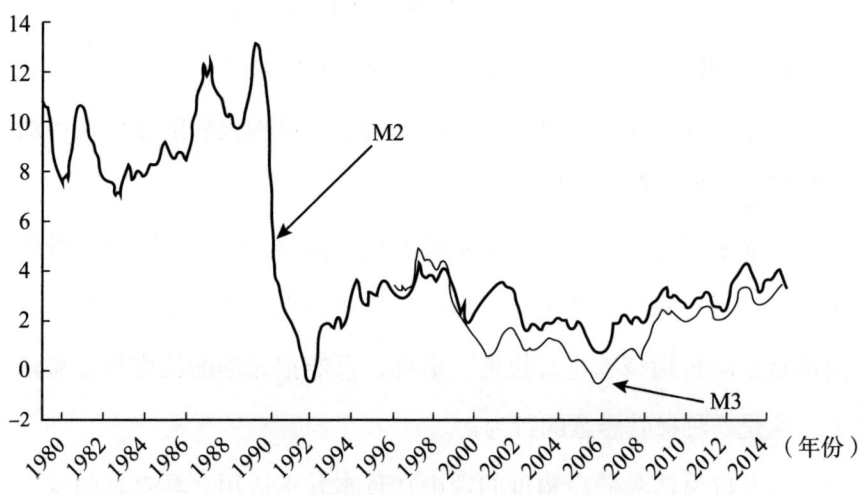

图5-2　货币供应量（M2和M3）与上年度之比
资料来源：笔者根据日本银行公布的数据绘制而成。

通货量（货币供给量）包括现金和存款的总和。存款用于决算，是货币的职能之一。把存款纳入货币体系的思想产生于20世纪30年代。

图 5-2 中的粗线是 M2（1980~2014 年）增长率的变动趋势。M2 是现金和国内金融机构（扣除日本银行和日本邮政储蓄银行）的存款总和。将日本邮政储蓄银行从 M2 的统计数据中扣除是日本统计的习惯。

细线是 M3（1996~2014 年）增长率的变动趋势。M3= 现金 + 存款（包含日本银行和日本邮政储蓄银行）+ 准通货 +CD（可转让大额定期存单）。

准通货 = 居民储蓄存款 + 支票存款 + 企业定期存款 + 外币存款

2013 年 3 月，开始执行安倍经济学，M2 的增长率同比增加了 3%~4%，2015 年 3 月同比增长 3.6%。顺便说一下，2014 年 4 月末日本银行的国债持有量约为 204 兆日元。2015 年 4 月末约为 280 兆日元，增长约为 30%。日本银行向民营金融机构投放的货币在市场上显现出效果的只有 1/10。

日本银行从民营金融机构购买了政府国债，增加了民营金融机构在日本银行账户上的资金。但是，企业因为经济不景气根本不会向民营金融机构贷款进行投资。最终，只能把无用的钱堆积在账户上，这是一种极其愚蠢的行为。

增发货币就会提高物价的理论在日本并不适用。马克思的观点与这个理论完全相反。皮凯蒂在《新·资本论》中提出，发达国家即便增发货币也没有提高物价水平。马克思和皮凯蒂都不相信安倍经济学的基本政策。

这个政策在此之前是有先例的。在美国次贷危机爆发时，就已

第五章
用皮凯蒂和马克思的观点解读安倍经济学

经实行过增发货币的政策。从2008年9月开始5个月内，美国的货币量增加了1倍，这不是日本的安倍经济学提出的比率。不过，那时与安倍经济学的目标完全不同，没有把提高物价作为政策目标。如果是货币主义，理应担心会发生通货膨胀的危机，但是，他们完全没有将其当成问题，事实上也没有发生通货膨胀。美国把防止证券市场崩溃作为目标。

增发货币就能提高物价，这一看似理所当然的理论，当真是正确的吗？这个问题，留到下一章讨论。

由于实行安倍经济学宽松货币政策，造成货币供应量增加、日元贬值、股价上涨。如果日元贬值达20%以上，以大企业为主的出口产业将会实现惊人的顺差。问题是，即便如此，国民收入也不会增长。资本家和劳动者共同分享国民收入，一方收入增加就意味着另一方收入减少。

股价依据国际形势的变化而变化，日本股价上升20%以上，未必是实行安倍经济学的效果。作为一项国策，不能忽略政府金融机构购买股票的情况。

皮凯蒂推测长期运营收益为5%。股价上涨，运营收益增加，同时也需要更多的运营资金。股票市场是货币黑洞，吸进去的货币难以用于消费。追逐更多的货币就会促使更多的货币流通。因为这是绝不可错过的机会。

说句题外话，笔者曾经遇到一位"有钱人"。曾问过对方，明明那么富有，为什么还想要钱呢。他的答案是，赚钱是需要钱的。

第六章
货币之谜

黄金与纸币

当今的货币既神秘又不稳定。钱包中有日本银行发行的1万日元，材质是纸，成本价只有20日元左右，可以忽略不计。它在市场上拥有1万日元的购买力。其中的缘由其实并不太清楚。

Suica[①]等电子货币甚至连纸币都没有。"日元"是货币名，1日元的"1"、100日元的"100"，这些数字表示购买力。这并非是妖魔化，而是社会的一种幻想。只有在人们对幻想没有怀疑的情况下，货币才会发挥作用。

正如幽灵的原形是枯萎的花一样，幻想有时也会破灭。当发生货币危机时，人们便会采用物物交换的形式。不言而喻，日本第二次世界大战战败，经济崩溃，对日元的社会幻想会毫无痕迹地消失，日元就会变成一张毫无价值的纸。东欧剧变，这些国家的货币也是如此。虽然日本是由于其他原因而导致国家破产，但是结果还是一样的。如果市场不相信日元，那么日元就毫无价值。

让货币数量论复活的弗里德曼撰写了《货币的祸害》，并在书的

[①] 译者注：Suica（中文俗称：西瓜卡）是一种可充值、非接触式的智慧卡（IC卡）形式的乘车票证，适用于东日本旅客铁道（JR东日本）、东京单轨电车及东京临海高速铁道3种路线。

第六章
货币之谜

开头，介绍了雅浦岛的石币。石币和贝壳、羊一样，都是典型的原始货币。20世纪初，欧美国家才知道雅浦岛的石币。这是一块巨石，它的直径从0.3~5米不等，不能随身携带。虽然不能随身携带，但是只要能够确认所有权，就能够执行货币职能。只要大家承认货币所有权转移就可以。

弗里德曼介绍了雅浦岛的很多故事。例如，雅浦岛没有适合做货币的石头，就去遥远的小岛搬运。在运输途中，有时也会发生沉船事故。不过，沉入海底的石头依然能够执行货币职能。只要大家都承认所有权，石头的所有者就是有钱人。

货币就如同宗教一样，相信它，它就具有货币职能；不相信它，它就不具有货币职能。现代货币便是如此。只要相信它，社会就能够从货币中获取极大的好处。

另外，弗里德曼在书中还特别强调贵金属货币，因为金、银没有崩溃的危险。历史告诉我们，惊人的通货膨胀经常伴随着政治革命的爆发而出现。"超级通货膨胀"在政治上比经济危机更可怕。金、银不存在这种可能。弗里德曼在这本书中对金银复本位制表现出极大的兴趣。因为与金或银单一本位制相比，金银复本位制货币价值变动的幅度更小一些。

金属货币的历史很悠久。在《圣经》中也时常出现贵金属货币。在当前的政治、经济条件下，恢复金本位制的可能性渺茫。金本位制在《圣经》中似乎得到了支持。如果《圣经》是正确的，是否意味着货币应该回归金或银呢？美国共和党中有很多人支持金本位制。

前总统候选人中也有很多金本位主义者。从某种意义上来说，如果美国做出决策，恢复金本位制也并非没有可能。

贵金属货币的优点在于：质地均匀，只要知道贵金属含量就能够充当价值尺度，价值稳定、不易腐蚀、体积小、量少、价值大、便于携带、可合成也可分割。金、银即使不是货币，也是商品，可以用于装饰、餐具，还可以用于工业。

从政治经济学的角度来看，铸币税存在很大的问题。美元和日元一样，印刷几乎都是没有成本的。美元是世界通用货币。铸币税只能由本国货币成为世界通用货币的国家获得，这就是大国把本国货币打造为世界货币的真实目的。

当黄金成为国际通用货币的时候，没有一个国家能够独占铸币税。关于铸币税，金币是中立的，这就是贵金属货币的公平性。

1971年8月，停止美元兑换黄金，史称"尼克松冲击"[①]。至2016年已有45年。在当时大学经济学系的讲坛上，到处在宣扬世界已经走到尽头。与贵金属货币相比，当前货币体系的时间还比较短暂，评价不多。

---

① 译者注：为了摆脱越南战争时期美国社会失业、通货膨胀、国际收支赤字的困境，减缓美元暴跌、大量黄金外涌的危机，尼克松政府于1971年8月15日宣布实行"新经济政策"。该政策对外采取了两项措施：放弃金本位、停止美元兑换黄金和征收10%的进口附加税，从而导致第二次世界大战后的"布雷顿森林体系"崩溃，西方国家股价普遍下跌，严重损害了许多国家的利益，加剧了国际经济、金融的动荡。美国政府的这一决定对日本的影响最为严重，故被日本金融界称为"尼克松冲击"。

第六章
货币之谜

◇

金本位制

在人类悠久的历史中，金、银在很多国家都担负着货币职能。货币实际上就是金、银，金银复本位制就是货币制度。拿破仑战争之后开始采用金本位制。

金、银是货币，但是当银行系统出现之后，银行券取代金银开始流通。但是，银行券只有承诺可兑换黄金才能流通。不承诺兑换金银的银行券是无法流通。

拿破仑战争爆发时期，英格兰银行停止银行券兑换黄金（1797年）。此时，物价上涨，围绕这个问题展开了"金本位论战"。货币数量论在争论过程中成为学派的核心学说。

拿破仑战争后，英国国内颁发多个关于金本位制的法令，1844年通过的《皮尔条例》最终确立了金本位制。英格兰银行发行价值1 400万英镑的银行券，需要黄金作为发行准备金。不过，价值1 400万英镑的银行券如果用政府证券做担保，即便没有黄金作为发行准备金也是可以发行的。

1870年，金本位制被确立为国际货币体系。第一次世界大战时期曾一度终止，1925年以后再次恢复。但是，1929年在世界范围内爆发了经济危机，金本位制逐渐崩溃。帝国主义列强形成了各自的货币圈,出现了区域经济集团化趋势。最终导致第二次世界大战爆发。所以,第二次世界大战后恢复金本位制也是对和平的向往。

纸币本身是没有价值的,贵金属货币有价值。这是不言自明的事情。但是,黄金的价值到底是多少?1897年日本《货币法》规定1日元的含金量为750毫克。日本货币与黄金重量挂钩,金本位制被正式确立下来。从此以后,"日元"就成为日本货币的称呼。

以黄金作为货币时,商品价格用黄金的重量表示。例如,1件衬衫的价格是1克黄金。商品价值用黄金重量表示,这就是价格。所有商品都用黄金表示价值,只有黄金不能用自己表示自己的价值,即黄金没有价格。这就是金币真实的面目。各国把本国的货币与黄金挂钩,彼此之间以黄金为媒介,在世界范围内确立金本位制。

第二次世界大战后建立的国际货币体系就是以美元兑换黄金的金汇兑本位制。1盎司黄金=35美元。1盎司黄金的重量大约为30克。美元不是与金价(时价)挂钩,而是与一定重量的黄金挂钩,这样可以确保美元的价值,并发挥世界货币职能。各国与美元保持固定汇率,在此情况下建立了国际贸易体系。此时,1美元=360日元。

假定建立的国际货币体系是以黄金的时价兑换美元的时价汇兑本位制,当金价变动时,美元的价值也就会发生变动。但是,在这个制度下,美元将无法确保稳定性。从价值稳定这个角度来说,不能确保货币稳定性的国际货币体系将是毫无意义的。

为了确保黄金的价值,美国必须满足兑换黄金的需要。如果采用时价汇兑本位制,当金价处于高点时,只需要支付少量的黄金。

第六章
货币之谜

如果采用金汇兑本位制，必须满足各种各样的黄金兑换需求。在战争时期，黄金十分珍贵，在冷战时期，从政治角度看，存在着对黄金兑换的上限。

在越南战争爆发期间，由于"尼克松冲击"，导致美元停止兑换黄金。金价波动造成兑换黄金的需求急剧上升，最终导致该货币体系的崩溃。从此以后，美元不再兑换黄金。

实际上，不仅仅纸币，黄金的价值也发生变动。而且金价的波动会导致经济混乱。货币数量论就是以金、银这些贵金属货币的价值变动为研究对象形成的理论。

哥伦布神话

读过《哥伦布航海日记》的人们，都会被哥伦布的经历所震惊。在哥伦布从大西洋向西的航行途中，登上了一个又一个小岛。他们发现岛上居民带在脸上的装饰物是黄金，就想方设法询问开采黄金的地点，采用欺骗手法让当地居民带领他们去现场。

从少年时代就梦想当一名英雄的哥伦布，最终沦为一个贪财之人。1492年哥伦布在美国附近的一个小岛登陆，由此发现了美洲大陆。这个时期正处于资本主义发展的第一阶段，重商主义盛行。虽然资本主义已经发端，但是政治体制依然还是封建时代末期的封建君主专制。

随着航海技术的发展，从地中海出发，开始出现全球范围内的人口迁移。哥伦布发现美洲新大陆、麦哲伦环球航行一周，就是这个时代的里程碑。这个时代又被称为"大航海时代""地理大发现时代"。

随着商品经济的发展和贵金属货币的广泛流通，重商主义开始盛行。能够长久保存、不腐烂的金银作为财富，不断刺激人们的欲望。如果能够从遥远的国度带回奇珍异宝，就能够成为有钱人。如果省去这些麻烦的环节，直接带回金银就会更快成为有钱人。

第六章
货币之谜

炼金术也是在这个时期迅速普及开来。人们强烈地希望能够将铅这种贱金属转变为金这样的贵金属，因此，魔法和科学在这个时期同时得到发展。现代化学（chemistry）一词就源于炼金术（alchemy）。

自哥伦布之后，中南美洲就成为葡萄牙、西班牙这些国家争夺的对象。因为，这里有着丰富的金矿、银矿。为了得到这些矿产，他们不惜大肆杀戮，印加文化被破坏殆尽，那是一个为黄金疯狂的时代。

大量金银从中南美洲源源不断地流入欧洲。同时，16世纪中叶，欧洲物价开始上涨，史称"价格革命"。欧洲在这100年间物价上涨了2~3倍，当时的经济学家一直都在分析物价上涨的原因。

货币数量论

货币数量论就是答案之一。该理论的起源尚不清楚。在货币数量论导读中，指出货币数量论的起源可以追溯到中世纪的经院哲学、西班牙的萨拉曼卡学派。虽然货币数量论很古老，但是在孟德斯鸠（Charles-Louis de Montesquieu，1689–1755）、休谟（David Hume，1711–1776）的理论中都得到了进一步的发展。孟德斯鸠和休谟都是历史上著名的哲学家。孟德斯鸠在《论法的精神》中详细地阐述了货币数量论。

货币数量论批判了重商主义。奉行重商主义的各国为了寻找金银，进入中南美洲。但是，中南美洲的矿山已经被当时的发达国家西班牙、葡萄牙抢先占领。作为当时的落后国家，英国又该何去何从呢？

托马斯·孟在《英国得自对外贸易的财富》（1664年）一书中给出了答案。他认为，在战争中掠夺财富，另当别论，但在和平时期增加财富的方法就是增加贸易顺差。实现贸易顺差，就会有大量金银流入英格兰[①]。重商主义者认为贵金属货币是"财富"，所以通

[①] 1707年合并苏格兰，因此在这个时期称为英格兰。

第六章
货币之谜

过贸易顺差能够积累财富。

亚当·斯密认为财富不是货币，而是物质产品，这的确是令人难以理解的经济思想，但绝非是另类思想。亚当·斯密把货币当作交换工具，因而可能会忽略货币的本质。最重要的是，重商主义时期正是战争爆发时期，在战争中贵金属货币是不可缺少的。货币不仅是国力的象征，而且代表着国家的真实实力。

哲学家洛克（John Locke，1632-1704）是货币数量论的又一个代表性人物，他在采纳贸易顺差理论的基础上进一步发展了货币数量论。他认为贸易顺差能够增加国内货币量，有利于促进国内的商业、工业的发展。而且，还可以解决"货币不足"的问题。

洛克认为，白银数量是200年前的10倍，所以银币的价值下降了9/10。这就是货币数量论的观点。货币数量增加就会引起货币价值下降，物价上涨。

采用货币数量论对发展货币价值理论起到了至关重要的作用。洛克认为贵金属货币本身没有价值，货币价值是"想象"出来的。马克思指出这种认识对货币数量论具有决定性意义。如果把贵金属货币的价值假定为想象的价值，那么无论积累多少金银，财富都不会增加。因为金银本身没有价值，只能取决于供求状况。在该理论中，大量金银从中南美洲流入欧洲，导致金银贬值，欧洲物价上涨。

这个观点本来是和重商主义的货币观相对立的。但是，一方面，洛克期待着能够如重商主义所说的那样，通过贸易顺差增加货币量，促进经济增长；另一方面，他又根据货币数量论，指出由于货币量增加导致物价上涨。

休谟在批判重商主义的基础上，系统地论述了货币数量论。[①]

第一，休谟认为货币不是财富，只是一种交换工具。与重商主义的货币观完全不一样。这种货币观或多或少继承了古典经济学等经济学思想。亚当·斯密承认货币就是交换工具，但是否定货币数量论。

第二，休谟和洛克一样，否认货币内在、固有的价值。将货币价值视为"虚构的价值"。货币价值取决于供求关系，因此，认为货币量增加和物价上涨具有同比例变动关系。

休谟指出，货币量增加，不仅仅是物价上涨，而且计量单位增大，十分不便。他指出，货币量增加只影响价格不影响经济。这就是"货币中性"。这种观点又被称为"机械货币数量论"，它是以货币数量论为基础的。

第三，休谟讨论了"连续性影响理论"。从结果来看，货币增加对经济没有任何意义，但是在社会过渡时期，货币能够起到刺激经济的作用。因为货币增加，能够给人们带来收入增加的幻觉。货币增加是否有效，取决于人们是否产生了货币幻觉。

连续性影响理论与货币数量论本身就是矛盾的。一般认为，在

---

① Hume, Political Discourses, 1752, Writings on Economics, ed., By Eugene Rotwein, University of Wisconsin Press,1955,《经济论文集》，田中敏弘译，东京大学出版会 1967 年版。

第六章
货币之谜

短期，连续性影响理论成立；在长期，机械货币数量论成立。但是，实际上，货币数量论具有两面性，依据时间、场合的变化而变化。

第四，基于贸易差额论的贵金属货币循环理论。出口增加，贸易顺差上升，通过贸易结算，金银流入国内，国内货币量增加，物价上涨，出口条件恶化，货币外流。进而导致国内货币量减少，货币升值，物价下降，出口条件改善，有利于增加出口，金银流回国内。通过反复循环，贵金属货币具有国际间自动调整机制。

从循环理论可以看出，贸易差额主义是一种毫无意义的政策。即使国家采取贸易差额主义，以贵金属货币流入为目标，上述过程也会自发进行调整。也就是说，休谟认为，贸易差额主义是无用的政策，自由贸易是顺应自然潮流的最好系统。

休谟提出，如果偷偷地把国家增加的金银收进金库……他只是提出这个观点，并未深入进行分析。按照这种做法，国家可以抑制物价上涨，维持有利的出口条件，继续从他国吸收金银。

休谟的货币数量论与机械货币数量论、连续性影响理论存在两点不同之处。连续性影响理论可以看作是过渡期间的暂时措施。但是，休谟推荐，把它当作永久性经济政策来使用。他说，为了不引人注意，通常持续增加货币量的政策就是好政策。

◇

MV=PT

进入20世纪，货币数量论得到进一步的发展，费雪（Irving Fisher，1867–1947）提出了"费雪交易方程式"，即 MV=PT。M 表示货币量（money），V 表示货币流通速度（velocity），P 表示价格（price），T 表示交易量（transaction）。V 表示一定时期单位货币的平均周转次数。假设货币为1 000日元纸币，周转期为1周。如果在1 000日元纸币上做标记并进行追踪，就可以知道它在一周之内的使用次数。如果使用5次，则 V=5。

M 是货币量。如果有三张1 000日元纸币，各使用5次，购买额总计15 000日元。如果买一瓶100日元的饮料茶，可以购买150瓶，则 PT=100×150=15 000（日元）。这里是一致的。

只要不撒谎，卖价和买价不会有偏差，所以销售额和购买额是一致的。也就是说，费雪交易方程式 MV=PT 总是正确的。这是不言自明、无须辩驳的。

费雪认为 V 和 T 是由习惯决定的，不会出现较大的变动。货币量 M 和价格 P 成比例。因此，货币量增加物价就会上涨，货币量减少物价就会下降。这点在假设前提下，也是无须辩驳的。

从政策论的角度看，物价没有上涨是因为货币不足，所以可以

第六章
货币之谜

得出货币量增加物价就会上涨的结论。

还有一个与费雪交易方程式齐名的方程式，就是剑桥方程式 M=kPy。y 表示实际国民收入，P 表示价格，Py 表示名义国民收入。k 表示人们持有的现金量占名义国民收入的比率，因为马歇尔极为重视货币持有动机，因此，把 k 命名为马歇尔 k。如果 k 固定不变，M 与 P 同比例变化，即货币量增加导致物价上升。得出的结论与费雪交易方程式一样。

费雪交易方程式 MV=PT，得出的结论是交易的购买额等于销售额。M=kPy 中的 y 是实际国民收入，不是全部的交易量，只是附加价值部分。因此，剑桥方程式只是用 k 表示货币量与国民收入之比。以现有统计数据国民收入作为衡量货币量多少的尺度。

弗里德曼认为，货币数量论中的 M 和 P 除了存在比例关系之外，M 是原因，P 是结果。弗里德曼通过实证分析证实了这个观点。货币量变化是原因，物价变化是结果。

弗里德曼批判凯恩斯学派的政策，主张恢复货币数量论，提出货币政策应该确保货币按照一定比例 x% 的速度持续增加。理由是货币量增加或减少，物价就会上涨或下降，不过，效果何时能够显现出来谁都无法预知。那么，从开始就应该决定货币增长率。

如果将现在的安倍经济学套用休谟的理论，就能继续采用连续性影响理论。但是，货币规模与休谟的理论不同。

批判古典学派的货币数量论

货币数量论一般被认为是古典学派的基本理论。的确，货币数量论现在依然被广泛接受。但是，这里有必要辩解一下，古典学派的代表人物是斯密、李嘉图，还有 J.S. 穆勒（John Stuart Mill, 1806–1873）。但是他们的理论，都不能称为货币数量论。

创立货币数量论的休谟，与斯密是好友。休谟提出货币是工具的观点，具有划时代的意义。斯密积极地接受了他的这一观点，但是他并不认同货币数量论。尽管斯密的观点常常被误认是货币数量论，但是他在《国富论》中多次批判货币数量论。

斯密是劳动价值论的创始人。他的劳动价值论是二元的。第一，生产耗费的劳动；第二，生产中耗费的劳动时间或劳动者耗费的劳动时间。前者称为投入劳动，后者称为支配劳动。支配劳动分为生产中耗费的劳动时间和劳动者耗费的实际劳动时间两种情况。假定劳动者耗费的劳动时间是支配劳动，5 小时劳动生产的谷物，会产生劳动者 8 小时的劳动关系。差额的 3 小时是用于剩余生产，成为利润的源泉。斯密认为，通过自己投入的劳动能支配多少劳动，就能知道富裕的程度。投入劳动是自己的努力，支配劳动是社会的评价，也是价值尺度。

第六章
货币之谜

货币数量论不能与斯密的劳动价值论并存。斯密认为，欧洲物价上升缘于中南美洲黄金的流入，但这并不是意味着货币数量增加了。因为中南美洲矿山的丰度比较高，投入劳动较少，因此，支配劳动也比较少，导致欧洲物价上涨。如果用成本表示，金银生产成本下降是造成欧洲物价上涨的原因。

货币量与物价之间的关系是货币供给量应该与流通中所需要的货币量一致。也就是，原因和结果颠倒，如果货币供给量增加，那是因为商品价格上升和市场商品交易量增加所致。这就是"货币必要量理论"。

李嘉图是货币数量论的代表人物。拿破仑战争时期，英格兰银行停止银行券兑换金银之后，国内物价上涨，围绕着这个问题展开"金价论战"，李嘉图参与其中，主张货币数量论的观点。

李嘉图在研究笔记中，把亚当·斯密列为货币数量论学者。斯密指出，金、银的价值取决于稀缺性。不过，斯密稀缺性理论并没有否定劳动价值论。为了获取稀缺物品，人们无论付出多少劳动都心甘情愿，稀缺性决定商品价值。即稀缺性与劳动成比例。

随着研究的深入，李嘉图逐渐倾向于劳动价值论，把稀缺性理论引入其中，并据此修正了货币数量论。李嘉图在《政治经济学及赋税原理》（1817年）一书中，没有利用货币数量论论述贵金属货币，而是采用斯密的货币需求理论进行论述。当时的英国实行货币自由铸造制度，在此背景下，货币需求理论发挥了重要作用。在英国，可以免费将生金、餐具等金器铸造成金币，也可以将金币熔化还原成生金。货币自由铸造制度是支撑货币需求理论的制度支撑。

李嘉图指出，在一定范围内，允许磨损的铸币流通，会导致流通中的铸币量下降，铸币的磨损部分也符合货币数量论。

而且，李嘉图在《政治经济学及赋税原理》中对纸币展开论述，认为货币数量论完全适用于纸币。李嘉图晚年在著作中，提出纸币发行应该交给权威（commissoners），提倡设立中央银行。

另外，约翰·斯图亚特·穆勒虽然多次强调货币数量论的正确性，但是他附加了很多的限制条件。穆勒的货币数量论是有限制的。他主张，因为贵金属货币调整数量需要花费时间，在调整期间货币数量论完全适用。

约翰·斯图亚特·穆勒认为，在长期，贵金属货币的价值取决于生产成本。因此，他提倡的是有限定条件的货币数量论，即货币数量论只适用于价格收敛于生产成本期间。但是，早期的货币数量论，否定了像生产成本这样的内在固有的价值，认为只要增加货币供给量，价值就会下降，物价就会上涨。穆勒的观点不同于早期货币数量论。

穆勒在货币数量论中提出的货币只涵盖执行流通手段职能的货币，没有执行流通手段的货币即使增加供给量，也不会导致物价上升。实际上，穆勒已经放弃了早期货币数量论货币量增加供给造成物价上涨的观点。

即使货币量增加但只要不执行流通手段职能就不会导致物价上涨。詹姆斯·斯图亚特（James Steuart，1713-1780）在《政治经济学原理研究》(1767年)一书中对货币数量论进行了批判,提出即使增加货币供给量,只要不使用就不会造成物价上升的观点,认为增加货币不等同于增加需求。

在马克思之前,关于货币数量论的争论,都是围绕着货币和物价孰为因孰为果展开的。货币增加如何才能提高物价,刺激经济?这原本是货币数量论研究的根本问题,现在安倍经济学也在研究。

马克思批判货币数量论,支持货币必要量理论,认为执行流通手段的货币必要量取决于商品价值总量和货币流通速度。所谓货币数量论的观点,就是因果倒置了。

货币的职能

按照马克思的观点梳理一下货币的职能。

第一个货币职能是价值尺度。通常，货币被认为是交换媒介，在交换以前，采用的是价格这种社会形式。如果丢弃这一点，货币就无法成为商品。因此，黄金能够表现商品价值，这就是价值尺度。

现代货币是不能兑换黄金的不兑现纸币。在尼克松冲击之后，金币不再作为货币发挥作用。这是马克思意料之外的事情。

不兑现纸币的价值纯粹就是一种社会幻想。1970年一碗100日元的拉面，即便如今已经涨到500日元，也绝非意味着拉面的需求增长到原来的5倍，而是货币的价值不断下降导致的。

货币价值常常是通过对商品定价的方式来不断更新的。商品通过定价来表现自己的价值。同时，通过定价，赋予货币购买力。定价为500日元，就意味着赋予500日元购买一碗拉面的购买力。"日元"货币和数字被赋予了购买力。

通过黄金的价值可以衡量商品的价值，但是不兑现纸币没有价值。对商品的购买力，是通过头脑中的主观判断来对商品定价的。通过主观判断，纸币的价值得以成立，但是这种幻想也有破灭的可能性。

第六章
货币之谜

第二个货币职能是流通手段，也可以称为交换手段。在物物交换中，商品经过变换所有者进入消费过程。在商品流通中，商品所有者先把自己的商品换成货币，然后再用货币去交换其他的商品。在商品从生产到消费过程中，货币发挥社会作用。马克思很重视这种社会属性，将之称为"流通手段职能"。

马克思认为，执行流通手段职能的货币量取决于商品价值总量和货币流通次数。货币量不影响物价，市场变动影响货币量。马克思的观点与主流学派货币数量论相对立。

马克思将第三个货币职能称为"货币"，表现为"作为货币的货币"。马克思把"货币"分为货币贮藏、支付手段、世界货币三种职能。货币贮藏就是货币作为贮藏货币，成为财富的象征。支付手段就是用于信用交易决算的支付。世界货币就是贵金属作为货币在世界市场上执行一般等价物职能。

经济学把支付手段职能和流通手段混为一谈。但是，在信用交易中通过购买，商品所有权发生转移，延期支付表现为货币转移，赋税、租金等支付都不同于购买，属于支付手段职能。

世界货币不是货币的新职能，它是货币在世界市场上发挥流通手段和支付手段职能。因使用场合不同，马克思对货币仅作了区分。他认为，在国内，可以使用银等辅助铸币、纸币作为流通手段；在世界市场上只能使用黄金。马克思所处的时代正是金本位制盛行的时代，他无法想象美元这样的不兑现纸币能够作为国际货币在世界范围内使用。

当今的纸币属于不兑现纸币，不能兑换黄金。当发行主体陷入危机时，不兑现纸币就丧失职能。因为国家的存续是国际货币存在的前提，所以拥有强大经济、政治、军事能力的国家货币才能成为国际货币。

不兑现纸币在危机时期是极其脆弱的。金本位制在危机爆发时也会陷入混乱。并非是黄金不适合作为货币，而是在危机时期黄金具有很强的购买力，人们对黄金需求大增，因而导致混乱。不兑现纸币丧失职能之时，就会被人们抛弃。黄金则截然相反。

第二次世界大战结束之前，英国经济学家凯恩斯（John Maynard Keynes，1883-1946）在构建战后国际货币体系的布雷顿森林会议上发言，提出发行一种名为班柯（Bancor）的国际结算货币。最终，凯恩斯的提案没有被采纳，建立了以美国为中心美元与黄金挂钩的国际货币体系。不过，凯恩斯的提案也是很有意思的，用黄金可以购买班柯，用班柯却不能购买黄金。班柯在法语里有"黄金银行"的意思，但是班柯或多或少偏离了与黄金的关系。凯恩斯提倡，发行班柯是确保绝对稳定的条件。

当今的国际货币体系不会失去稳定性。许多国家持有的外汇储备都表现为黄金形式。美国的外汇储备中有75%以上都是黄金，德国、法国、意大利则达到70%以上。日本持有的黄金不足800吨，在外汇储备中只占3%多一点，确实令人不安。

第七章
日本经济的皮凯蒂现象

贫困与收入差距
——皮凯蒂与马克思的对话

◇

日本的贫困问题

日本的贫富差距是一个奇妙的问题。如第四章图 4-8 所示，皮凯蒂定义的前 10% 富人阶层的收入下限在最近 10 年间持续下降。日本经济受泡沫经济破灭和 1997 年亚洲金融危机的双重打击，陷入长期停滞状态，这在发达国家中是极为罕见的。

皮凯蒂对贫富差距的批判只是针对富人阶层，诚然，日本富人阶层的势力正在扩大。但是，研究日本两极分化问题，必须关注贫困阶层。

经济合作与发展组织（OECD）采用"相对贫困率"作为国际比较的基准。这是把发达国家的贫富差距问题从贫困阶层的角度进行了数据化，在发达国家也出现了无法维持基本生存的贫困阶层。特别是，日本与其他发达国家还存在一些差异，贫困问题更加严峻。

一般来说，按照收入所得将国民进行排序，把只能获得低于中位收入一半的人群定义为贫困阶层。所谓相对贫困率就是贫困阶层在国民中所占的比率。国民的生活水平参差不齐，相对贫困率就是衡量能否维持生存的指标。

图 7-1 表示日本相对贫困率的变动趋势。图 7-1 中自上而下的第二条线是平成 24 年（2012 年）日本的相对贫困率，为 16.1%。相

第七章
日本经济的皮凯蒂现象

对贫困化问题尤其会对儿童产生影响，图 7-1 也包括儿童贫困率。从图 7-1 可知，日本的相对贫困率正在缓慢上升。以家庭为单位，贫困线是 122 万日元。日本有 16.1% 的家庭处于贫困线以下，相当于每 6 人就有 1 人处于贫困线以下。

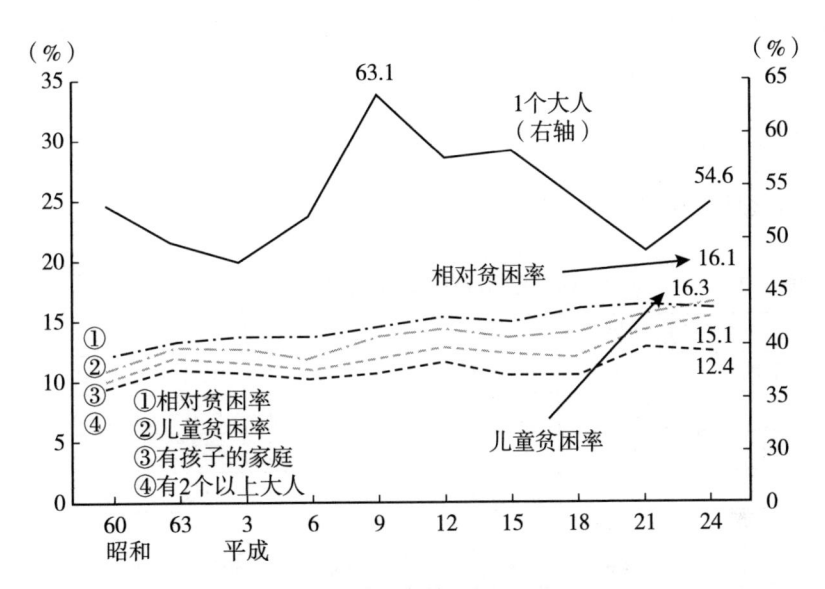

图7-1　日本相对贫困率的变动趋势

资料来源：日本厚生劳动省：《平成 25 年国民生活意识调查概况》。

有子女的家庭、单亲家庭的贫困率为 54.6%，这也是相当严峻的问题。这个数值给人们的冲击极大。单亲家庭的孩子有半数以上生活在年收入 122 万日元以下的家庭。大部分家庭孩子的上学问题都难以确保。

通过国际比较，可知日本的贫困化程度。

内阁府公布的《平成 26 年版儿童、年轻人白皮书（全体版）》，进行了国际比较。表 7-1 中排序靠后的国家贫困率较高。

以 2010 年为比较时点，日本的贫困率很高，各项指标均超过 OECD 的平均值。尤其是单亲家庭儿童贫困率是 OECD 中最高的。

根据图 5-1《每日新闻》绘制的基尼系数的变动趋势，2010 年日本贫富差距急剧缩小。在 2012 年以后却急剧上升。就是说，与表 7-1 相比，图 5-1 的情况更为严峻。日本贫困率正在不断上升，势必对儿童产生影响。因为发展中国家的相对贫困率出现下降趋势，所以，日本在世界相对贫困国家的排名也位于前列。

表 7-1　　　　　相对贫困率的国际比较（OECD）

相对贫困率			儿童贫困率		
序号	国名	比例（%）	序号	国名	比例（%）
1	捷克	5.8	1	丹麦	3.7
2	丹麦	6.0	2	芬兰	3.9
3	冰岛	6.4	3	挪威	5.1
4	匈牙利	6.8	4	冰岛	7.1
5	卢森堡	7.2	5	澳大利亚	8.2
6	芬兰	7.3	5	瑞典	8.2
7	挪威	7.5	7	捷克	9.0
7	荷兰	7.5	8	德国	9.1
9	斯洛伐克	7.8	9	斯洛文尼亚	9.4
10	法国	7.9	9	匈牙利	9.4
11	澳大利亚	8.1	9	韩国	9.4
12	德国	8.8	12	英国	9.8
13	爱尔兰	9.0	12	瑞士	9.8
14	瑞典	9.1	14	荷兰	9.9
15	斯洛文尼亚	9.2	15	爱尔兰	10.2
16	瑞士	9.5	16	法国	11.0

第七章
日本经济的皮凯蒂现象

续表

相对贫困率			儿童贫困率		
序号	国名	比例（%）	序号	国名	比例（%）
17	比利时	9.7	17	卢森堡	11.4
18	英国	9.9	18	斯洛伐克	12.1
19	新西兰	10.3	19	爱沙尼亚	12.4
20	波兰	11.0	20	比利时	12.8
21	葡萄牙	11.4	21	新西兰	13.3
22	爱沙尼亚	11.7	22	波兰	13.6
23	加拿大	11.9	23	加拿大	14.0
24	意大利	13.0	24	澳大利亚	15.1
25	希腊	14.3	25	日本	15.7
26	澳大利亚	14.5	26	葡萄牙	16.2
27	韩国	14.9	27	希腊	17.7
28	西班牙	15.4	28	意大利	17.8
29	日本	16.0	29	西班牙	20.5
30	美国	17.4	30	美国	21.2
31	智利	18.0	31	智利	23.9
32	土耳其	19.3	32	墨西哥	24.5
33	墨西哥	20.4	33	土耳其	27.5
34	以色列	20.9	34	以色列	28.5
OECD 平均		11.3	OECD 平均		13.3

有子女家庭的相对贫困率

合计			一个大人			两个大人以上		
序号	国名	比例（%）	序号	国名	比例（%）	序号	国名	比例（%）
1	丹麦	3.0	1	丹麦	9.3	1	德国	2.6
2	芬兰	3.7	2	芬兰	11.4	1	丹麦	2.6
3	挪威	4.4	3	挪威	14.7	3	挪威	2.8
4	冰岛	6.3	4	斯洛伐克	15.9	4	芬兰	3.0
5	澳大利亚	6.7	5	英国	16.9	5	冰岛	3.4
6	瑞典	6.9	6	瑞典	18.6	6	瑞典	4.3

续表

有子女家庭的相对贫困率

合计			一个大人			两个大人以上		
序号	国名	比例（%）	序号	国名	比例（%）	序号	国名	比例（%）
7	德国	7.1	7	爱尔兰	19.5	7	澳大利亚	5.4
8	捷克	7.6	8	法国	25.3	7	荷兰	5.4
9	荷兰	7.9	8	波兰	25.3	9	法国	5.6
10	斯洛文尼亚	8.2	10	澳大利亚	25.7	10	捷克	6.0
11	法国	8.7	11	冰岛	27.1	11	斯洛文尼亚	6.7
11	瑞士	8.7	12	希腊	27.3	12	瑞士	7.2
13	匈牙利	9.0	13	新西兰	28.8	13	匈牙利	7.5
14	英国	9.2	14	葡萄牙	30.9	13	比利时	7.5
15	爱尔兰	9.7	15	墨西哥	31.3	15	新西兰	7.9
16	卢森堡	9.9	15	荷兰	31.3	15	卢森堡	7.9
17	新西兰	10.4	17	瑞士	31.6	15	英国	7.9
18	比利时	10.5	18	爱沙尼亚	31.9	18	爱尔兰	8.8
19	斯洛伐克	10.9	19	匈牙利	32.7	19	澳大利亚	8.6
20	爱沙尼亚	11.4	20	捷克	33.2	20	加拿大	9.3
21	加拿大	11.9	21	斯洛文尼亚	33.4	21	爱沙尼亚	9.7
22	波兰	12.1	22	德国	34.0	22	斯洛伐克	10.7
23	澳大利亚	12.5	23	比利时	34.3	23	波兰	11.8
24	葡萄牙	14.2	24	意大利	35.2	24	日本	12.7
25	日本	14.6	25	土耳其	38.2	25	葡萄牙	13.1
26	希腊	15.8	26	西班牙	38.8	26	美国	15.2
27	意大利	16.6	27	加拿大	39.8	26	希腊	15.2

续表

有子女家庭的相对贫困率								
合计			一个大人			两个大人以上		
序号	国名	比例（%）	序号	国名	比例（%）	序号	国名	比例（%）
28	美国	18.6	28	卢森堡	44.2	28	意大利	15.4
29	西班牙	18.9	29	澳大利亚	44.9	29	智利	17.9
30	智利	20.5	30	美国	45.0	30	西班牙	18.2
31	墨西哥	21.5	31	以色列	47.7	31	墨西哥	21.0
32	土耳其	22.9	32	智利	49.0	32	土耳其	22.6
33	以色列	24.3	33	日本	50.8	33	以色列	23.3
—	韩国	—	—	韩国	—	—	韩国	—
OECD 平均		11.6	OECD 平均		31.0	OECD 平均		9.9

资料来源：OECD（2014）Family database "Child poverty"：匈牙利、爱尔兰、日本、新西兰、瑞士的数值是 2009 年的数据，智利是 2011 年的数据。

日本不太重视相对贫困率这个指标。与其说相对贫困率指出了日本没有意识到的弱点，不如说日本根本没有注意到社会的变化。20 世纪 70 年代日本提出的"一亿皆中产"已经一去不返，日本发生了巨大的变化。

按照世界银行的标准，绝对贫困是指每日收入低于 1.25 美元，难以维持基本生存的状态。据统计，世界上每 4 人中就有 1 人处于绝对贫困。相对贫困不同于绝对贫困，它是基于各国生活的差异。在这份材料中显示出各个国家的贫困问题，甚至包括发达国家。可以说，贫困化只是日本两极分化的一个方面。

非正规雇佣的增加

日本经济持续低迷导致贫困化问题日益严峻,尤其是非正规雇佣的增加是导致贫困化的一个重要因素。

非正规雇佣是指合同雇佣、临时雇佣、派遣雇佣。图 7-2 是日本厚生劳动省绘制的非正规雇佣员工数量图。正规雇佣员工下降的同时,非正规雇佣员工在不断增加,平成 26 年(2014 年)非正规雇佣员工占劳动力总人数的 40%。

虽然非正规雇佣的增加,能够提供多种多样的雇佣形态,但是,现实中如何确保低工资劳动者的生活已成为一个问题。通过时薪的对比,可以清楚地知道正规雇佣劳动者与非正规雇佣劳动者之间的差异(见图 7-3)。

普通劳动者中的正规劳动者的平均时薪是 1 937 日元,非正规劳动者是 1 229 日元,非正规劳动者中小时工的时薪是 1 027 日元,仅相当于正规劳动者的 74%。

第七章
日本经济的皮凯蒂现象

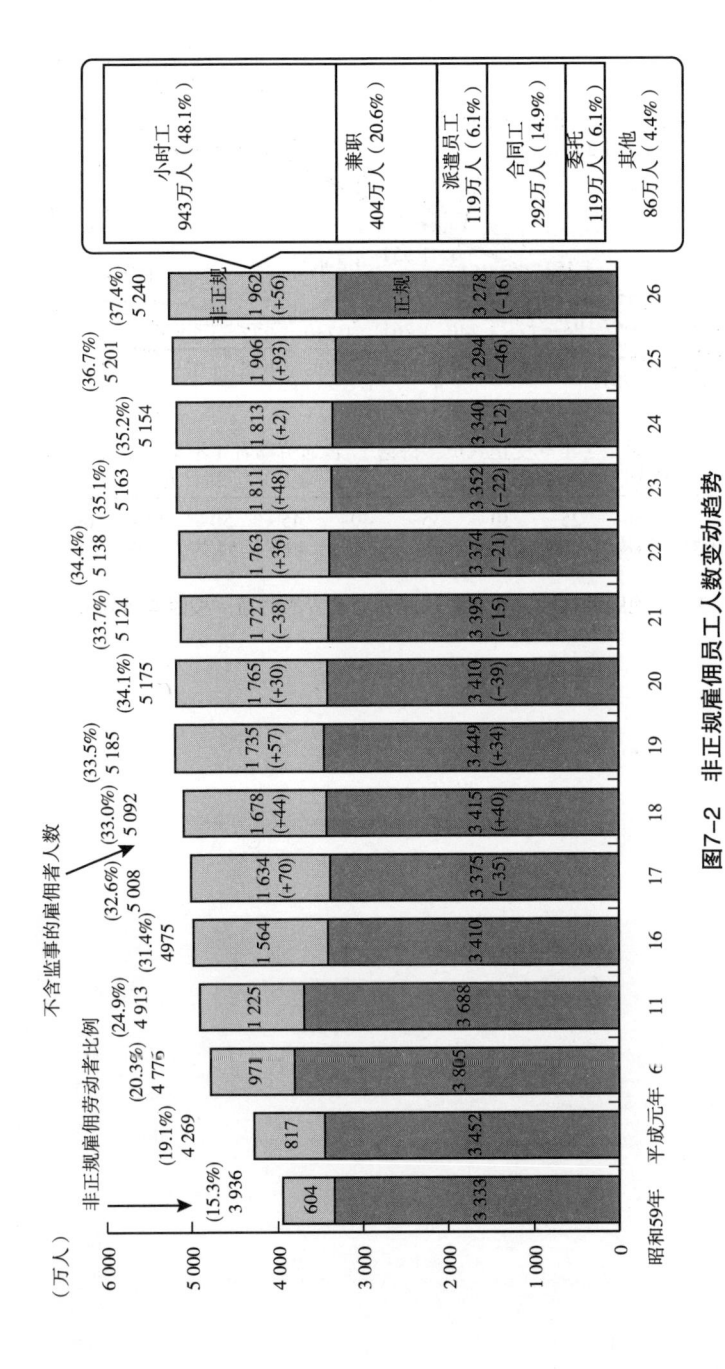

图7-2 非正规雇佣员工人数变动趋势

资料来源：日本厚生劳动省：《"非正规雇佣"的现状和课题》。

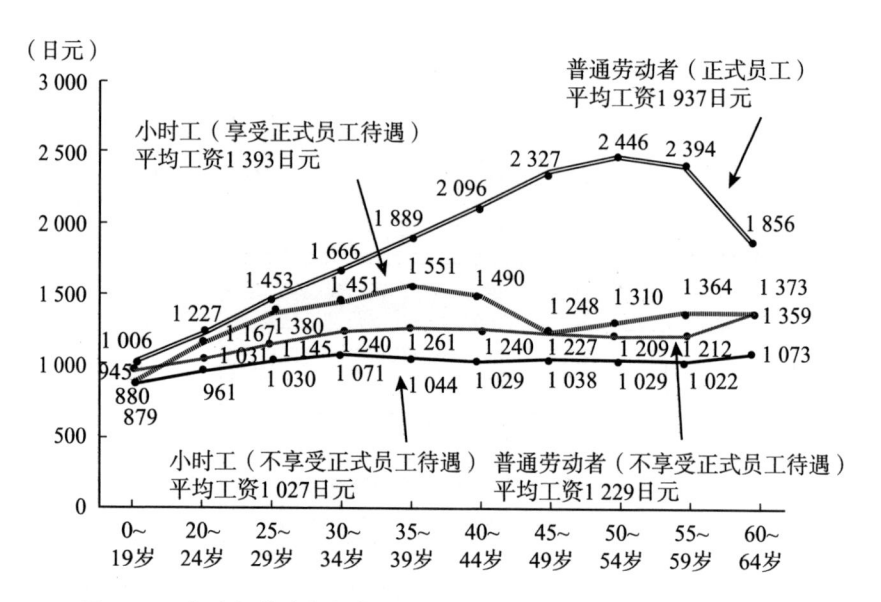

贫困与收入差距
——皮凯蒂与马克思的对话

图7-3 正规雇佣劳动者和非正规雇佣劳动者的时薪（按照年龄划分）

第七章
日本经济的皮凯蒂现象

◇

非正规雇佣和女性就业问题

日本非正规雇佣的增加，导致低收入阶层扩大，并由此引发两极分化，同时，还反映出性别歧视这个社会问题。

从表7-2可知，2013年年平均收入约为414万日元，男性约为511万日元，女性约为272万日元。正规雇员473万日元，非正规雇员168万日元。男性年收入将近女性的2倍，正规雇佣是非正规雇佣的3倍还多，这意味着劳动存在差距。表7-2代表着日本的现状。

表7-2　　　　　正规雇佣和非正规雇佣的年收入

年份	性别	平均年收入（千日元）	增长率（%）	正规雇员（千日元）	增长率（%）	非正规雇员（千日元）	增长率（%）
2012	男	5 020	−0.4	5 205	—	2 255	—
	女	2 678	0	3 496	—	1 436	—
	合计	4 080	−0.2	4 676	—	1 680	—
2013	男	5 113	1.9	5 266	1.2	2 245	−0.4
	女	2 715	1.4	3 561	1.9	1 433	−0.2
	合计	4 136	1.4	4 730	1.2	1 678	−0.1

资料来源：日本国税厅：《私人收入实况调查》。

同时，在该调查中，能够明确以下问题。在正规雇员和非正规雇员两种情况下，男女比率发生了逆转。女性就业主要集中于非正规雇佣岗位，这说明女性工作环境尚不完善，这已然成为一个社会问题。因为女性被雇佣为非正规员工，因而非正规雇佣的低廉时薪只适用于女性。大部分非正规雇员中的女性因照顾孩子而被迫接受恶劣的条件。日本的收入差距与性别歧视也是密切相关的。

第七章
日本经济的皮凯蒂现象

◇

工资的变化

图 7-4 表示规定工资的变化趋势。所谓规定工资就是扣除加班等以外的定期工资①。

规定工资呈现出不断上升的趋势，但是在 1997 年亚洲金融危机爆发后大量金融机构破产倒闭，规定工资变动出现微弱下降趋势，基本维持不变。正规雇佣员工的基本雇佣条件虽然出现恶化趋势，但仍基本维持稳定。

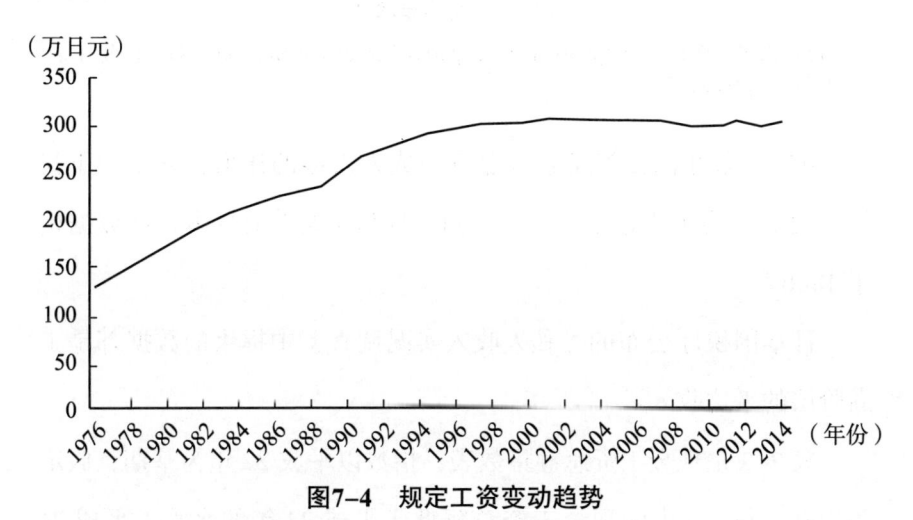

图7-4 规定工资变动趋势

资料来源：日本厚生劳动省：《工资结构基本调查》。

---

① 译者注：定期工资是根据预先定好的支付条件和计算方法支付的工资。与奖金等特别工资合起来构成现金工资总额。

图 7-5 表示人均年收入的变化趋势。从图中可知，人均年收入大幅下降。由于非正规雇佣的增加，日本劳动者整体日趋贫困。

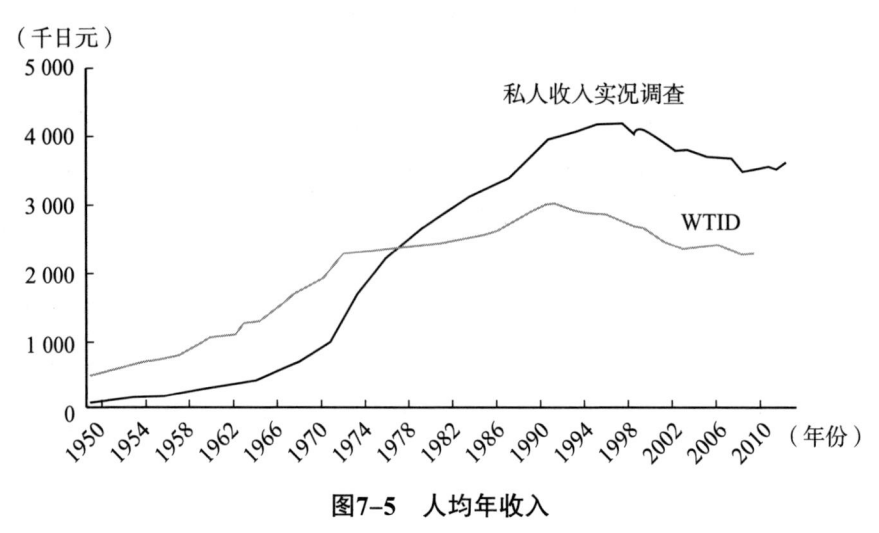

图7-5 人均年收入

资料来源：WTID：http://topincomes.parisschoolofeconomics.eu；日本国税厅：《私人收入实况调查》。

WTID 公布的数据是收入总额与成人人数的比值，它不同于我们常说的平均工资这个概念。不过，WTID 提供的日本长期数据始于 1886 年。

日本国税厅公布的《私人收入实况调查》中提供的数据都是工薪阶层的平均收入。

表 7-3 是现金工资总额指数表，指数以平成 22 年为基期，假定为 100。表 7-3 中的现金工资总额低于平成 22 年的水平。平成 26 年实际年工资总额环比下降 3%。把上市公司过去最高的营业利润计算在内，东京证券交易所的股票市值总额超过泡沫经济时期，但是

第七章
日本经济的皮凯蒂现象

支付的工资总额却创纪录地下降，日本经济发展异常。

表 7-3　　　　　　　　　　现金工资总额

时间	指数	增长率（%）
平成 23 年	99.8	−0.2
平成 24 年	98.9	−0.9
平成 25 年	98.5	−0.4
平成 26 年	98.9	0.4

资料来源：日本厚生劳动省：《每月劳动统计调查》。

日本的富人阶层

图7-6是基于皮凯蒂的划分标准，绘制得出的日本富人阶层的前10%、5%以及前1%下限年收入的变化趋势。这些数据都来自WTID公布的数据。

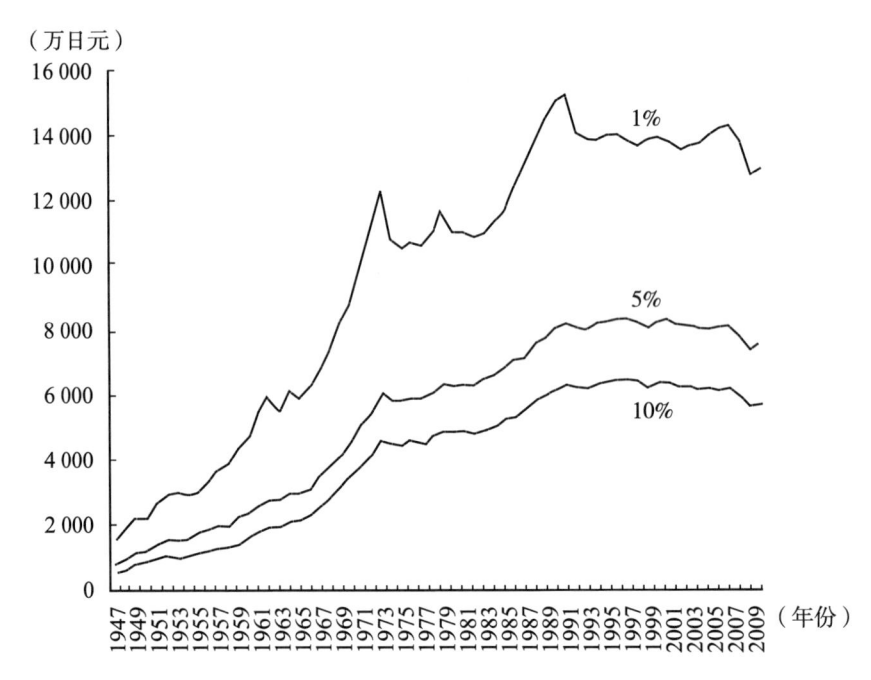

图7-6　前10%、5%、1%富人阶层下限年收入的变化趋势

资料来源：根据WTID公布的数据绘制而成，http://topincomes.parisschoolofeconomics.eu。

第七章
日本经济的皮凯蒂现象

日本富人阶层形成于泡沫经济时期，尤其是前1%的最富阶层年收入增加显著。泡沫经济破灭以后，基本没有变化。在过去的20年里，富人阶层的范围不再扩大。

从图7-7可知，日本前0.01%富人的最低下限年收入总额没有大幅增加。但是，前0.1%超富裕阶层的最低下限年收入在石油危机前、泡沫经济时期、次贷危机爆发前大幅增加，整体数据呈现大幅上升趋势。前1%的下限收入在泡沫时期也是大幅上升，之后，从平稳状态转变为微幅下降。比前5%、10%的下限收入增幅明显。

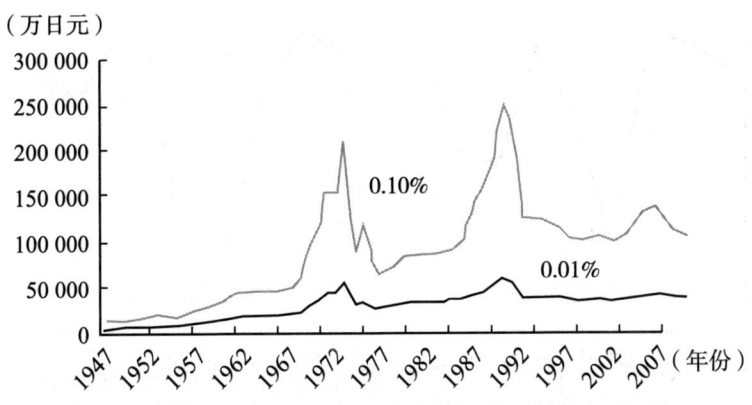

图7-7 前0.1%、0.01%富人阶层下限年收入的变化趋势

资料来源：根据WTID公布的数据绘制而成，http://topincomes.parisschoolofeconomics.eu。

贫困与收入差距
——皮凯蒂与马克思的对话

低迷的日本经济

日本经济一直处于低迷状态。图7-8表示国民收入、私人消费支出、私人设备投资的增长率。

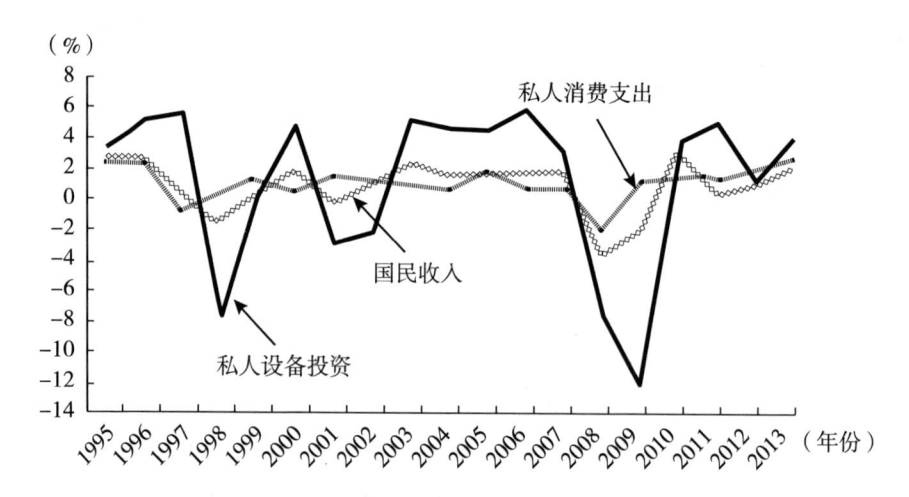

图7-8 国民收入、私人消费支出、私人设备投资环比增长率
资料来源：日本国税厅：《私人收入实况调查》。

我们在前面阐述了马克思的经济危机理论，该理论中消费不足的观点对分析当下经济不景气最具有说服力。由图7-9可知，日本的工资一直处于较低水平，工资低下导致消费需求不足，投资萎缩。因为销售环节是"惊险的一跃"，如果销售预期不明朗，企业就不会

第七章
日本经济的皮凯蒂现象

追加投资。从图7-8和图7-9可知，日本经济呈现出螺旋式下降趋势。

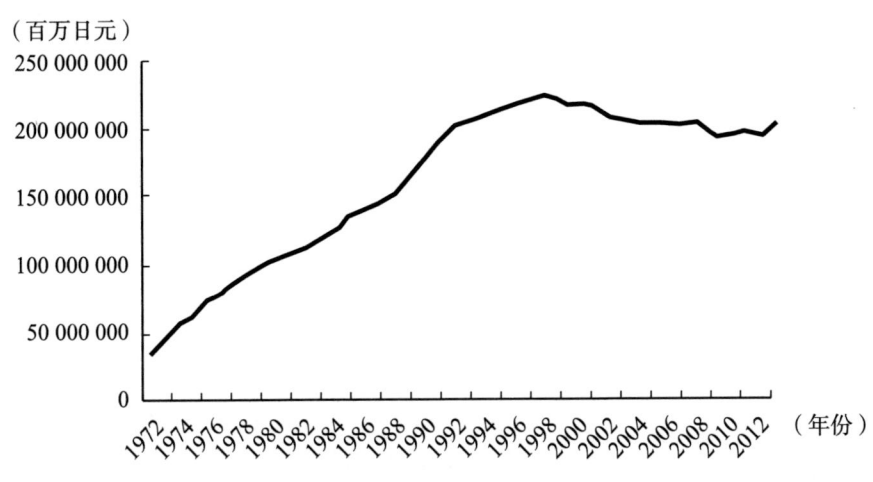

图7-9 支付工资总额

资料来源：日本国税厅：《私人收入实况调查》。

皮凯蒂利用工业革命以来的产量增长的长期数据，得出1980~2012年人均国民收入的增长率，全世界为2.1%，日本和西欧均为1.5%，北美地区为1.6%。预测到2100年，日本年增长率为1.2%，西欧和北美地区将出现低经济增长。我们并不期待皮凯蒂的预测成真。

据内阁府统计结果，自1995年以后的20年间，日本经济平均增长率不足0.8%，皮凯蒂预测的结果反而更为乐观。这就是世界上罕见的财政赤字和低经济增长对日本经济的影响。在后面的章节将会研究原因和未来发展。

第八章
对日本经济的建议

贫困与收入差距
——皮凯蒂与马克思的对话

◇

通货紧缩是货币现象吗？

安倍首相在 2013 年 2 月 7 日的众议院预算委员会上，提出通货紧缩是货币现象。他是模仿货币学派代表人物弗里德曼"通货膨胀是货币现象"的观点。

对于货币主义而言，2014 年颇具代表性。货币供给量增加了 1 倍，物价完全没有上涨，实际工资下降，经济增长率为负。把上市公司过去最高的经常利润计算在内，上市公司股价暴涨。

货币数量论成为现实的前提条件是人们存在货币幻觉。如果媒体都大肆报道股价上升，人们就会对经济发展前景产生乐观预期，增加消费，进而促进经济复苏。

但是，人们根本不存在货币幻觉，因为工资没有上涨。世上根本不存在工资不涨就认为自己变富裕的人们。

资本主义经济中的企业以追逐利润最大化为目标，这种逐利行为推动了社会的发展。皮凯蒂统计的数据始于基督教诞生时期，据其统计的长期数据显示，经济增长率为零。在进入资本主义之前，经济增长未必是社会发展的目标。但是，对于资本主义而言，零增长就是一种异常情况。全世界只有日本是零增长。

现在通货紧缩的原因不是货币问题。如果原因是货币不足，那

第八章
对日本经济的建议

只需要增加货币就可以解决，不能解决就说明不是货币问题。

经济不景气的原因在于实体经济。其中最大、最直接的原因就是马克思所说的"过度剥削"。截至2015年3月的统计数据显示，由于非正规雇佣劳动者的增多，工资持续下降，企业支付的工资总额也在不断降低，这直接导致消费需求不足。只要消费需求持续低迷，设备投资就不会增长。

资本家在预期销售前景不乐观的情况下，绝不会扩大生产规模。在不具备扩大投资的条件下执行量化宽松货币政策，就会造成巨额货币无法用于生产领域。所以，投资不足并非是因为货币不足所致。

日本银行向私人金融机构供给的货币，都被私人金融机构存放于他们在日本银行开设的账户中，这被称为"无效储蓄"。从结果来看，日本银行供给的货币并没有离开日本银行。而是在日本银行的账户里形成了无效储蓄。日本银行要发放贷款，鼓励企业借款，但是企业却不借。而且，企业内部的留存收益已经超过了国家预算的3倍，当前的日本经济是扭曲且毫无活力的。

虽然日本经济低迷不仅仅是工资问题，但是增加工资确实是快速有效的解决办法。不过，有些小企业因为日元的快速贬值而一蹶不振。正如皮凯蒂所言，必须要积极构建劫富济贫的收入再分配体系。穷人的需求是增加国民收入的关键所在。

"贫困"的富裕阶层

在皮凯蒂现象中，到处充斥着非同小可的事情。皮凯蒂最重要的分析方法就是把前 10% 视为富人阶层，关注他们国民收入、资产所占的比重。这也是皮凯蒂研究收入差距理论最重要的分析方法。

据 WTID 的统计数据显示，日本前 10% 富人阶层的下限收入是 577 万日元。引起非议的是，年收入 577 万日元到底是不是富人阶层。按照 2010 年的汇率 1 美元兑换 90 日元计算，美国前 10% 富人阶层的年收入是 1 035 万日元，前 1% 最富阶层的年收入是 3 330 万日元。日本和美国的富人阶层存在差距。

年收入 577 万日元，果真能够称为富人阶层吗？日本前 10% 富人阶层的年收入与美国相比，相当于美国的一半，由此可见，日本前 10% 的富人实在过于贫穷。不过，将年收入 577 万日元作为日本富人阶层的标准并非是皮凯蒂的错误。

十分抱歉，举身边发生的例子，私立大学每年的学费超过 100 万日元。如果再包括学费之外的其他费用，那么整体费用将远远超出 100 万日元。日本前 10% 排位靠后的富人阶层，如果让子女就读私立大学，扣除教育费用，其年收入就相当于劳动者年收入的平均值。

第八章
对日本经济的建议

尽管网络上对于上述分析方法的质疑声不绝于耳。但是，这种分析是正确的。日本的统计结果也证实了皮凯蒂和WTID的统计数据。据《私人收入实况调查统计》数据显示，2010年（平成22年），前7.9%富人阶层的最低年收入是800万日元，前11.8%的最低年收入是700万日元。与皮凯蒂的推算并没有太大的差距。前1%富人阶层的最低年收入是1 500万日元。

如果考察夫妻共同工作家庭的年收入，日本富人阶层前10%的最低年收入将达到865.5万日元。同样，在美国，夫妻共同工作家庭的收入也会相应增长，所以美国和日本之间的收入差距并未消失。无论如何，将皮凯蒂对富人阶层的定义应用于日本前10%的富人阶层实有不妥。

其主要原因在于，日本的"富人阶层"正日渐贫困。前10%富人阶层的下限收入在1991~2007年超出600万日元。1996~1998年超过640万日元，1997年金融危机爆发当年，达到650万日元。日本在1997~2010年，约有13%的"富人"下限收入下降了（见表8-1）。

表8-1　富人2010年下限年收入与过去最高年收入　　单位：千日元

项目	年收入下限	最高年收入
前10%的下限	5 774	6 510（1997）
前5%的下限	7 544	8 337（1997）
前1%的下限	12 992	15 216（1991）
前0.1%的下限	35 427	59 364（1990）
前0.01%的下限	106 865	249 890（1990）

资料来源：笔者根据WTID统计数据整理所得，http://topincomes.parisschoolofeconomics.eu。

贫困与收入差距
——皮凯蒂与马克思的对话

将年收入达到 577 万日元视为富人阶层，有些人认为这种划分方式实有不妥。我们暂且不论年收入达到 577 万日元是否是富人，年收入达 577 万日元的确是排在前 10%，前 10% 在日本的确是相当富裕的。

富人阶层并非那么富裕，因为日本的工资太低了，这是经济不景气的主要原因。按照马克思的危机理论，过度的剥削导致消费不足是造成经济不景气的原因。由于消费不足，商品销售难以实现"惊险的一跃"。

马克思将资本家与工人之间的交换视为劳动力价值与工资之间的等价交换。他认为劳动者能够用工资购买必要的生活资料。剥削理论的前提是，资本主义作为历史发展的特定阶段，不能破坏劳动者的生存。但是，由于没有遵守这个原则，剥削过度导致消费不足的经济危机。

在日本，让劳动者在恶劣条件下长时间劳动的黑心企业随处可见。可以说，日本企业整体黑化。只能说，日本企业的经营者在社会、历史方面已经完全道德沦丧。马克思认为公司就是资本家和工人对立的地方，但是，过去的日本经营模式则是把公司视为"家"，企业经营者担负着照顾全体员工的责任。

第八章
对日本经济的建议

◇

浮动汇率制与日本

为何日本会沦落至此？最大的原因在于浮动汇率制。浮动汇率制本身并没有问题，而是日本在浮动汇率制下没有积极应对经济全球化。

在当今世界实行浮动汇率制是理所应当的，它是国际货币体系的现实要求，然而，在过去，实行浮动汇率制是难以想象的。

弗里德曼是浮动汇率制的支持者，在20世纪50年代，他提倡实行浮动汇率制。但是，人们普遍认为这种观点缺乏现实可能性。

汇率决定国家之间的交易条件。在汇率时刻都会发生变动的制度下，企业难以从事正常的经营活动，总是处于不安之中。对于企业而言，浮动汇率制不是一个理想的制度。

但是，弗里德曼倡导的浮动汇率制的确是一个最优的制度。最重要的是，浮动汇率制不需要政府干预，不需要外汇储备。零外汇储备就是浮动汇率制的优势。

然而，汇率由市场决定势必引起混乱。这是大家都可以预测到的问题。因此，必须要积极应对这个问题。发展期货市场，可以完全抵消每天汇率波动带来的风险。

而且，浮动汇率制也不再需要黄金储备。黄金作为连接各国货币的国际货币，是国际货币体系的核心，十分重要，因此，当经济危机爆发时，黄金枯竭就会导致货币体系的混乱，所以必须加强对黄金的管理。

浮动汇率制是由市场决定货币价值的制度，如果市场的决定是正确的，那么，浮动汇率制理应是一个良好的制度。

如今，没有人相信这些华而不实的话。亚洲爆发金融危机时，本应稳定货币价值的期货市场却被用于投机，导致泰铢急剧贬值。各国政府吸取亚洲金融危机的教训，为预防金融危机，储备了大量外汇。汇率制度从不需要外汇储备转变为外汇储备必不可少。就是说，各国政府如果有必要，可以随时干预汇率。这就是现实中的浮动汇率制度，与理论差距极大。

浮动汇率制度出现在"尼克松冲击"（1971年）之后。美元与黄金脱钩，各国实行浮动汇率制。之后，1971年12月签订的"史密森学会协议"，各国放弃浮动汇率制转而实行固定汇率制。但是，1973年以后，各国又再次实行浮动汇率制，并持续到今日。

浮动汇率制回归到固定汇率制这件事证明，浮动汇率制是非常时期实行的一种制度。然而，由于现实中固定汇率制难以维持，只能转而实行浮动汇率制。这不是选择问题，而是别无他选。

话虽如此，像日本这样真正实行浮动汇率制的国家少而又少。欧盟内部由于统一使用欧元，因此各成员国之间实行固定汇率制。发展中国家的货币盯住发达国家货币，至今也是如此，日本过于正直了。

第八章
对日本经济的建议

1985年签订的"广场协议"成为浮动汇率制的转折点。发达国家（G5）达成协议，实现美元贬值、日元升值。浮动汇率制的理念就是国家不干预汇率。但是，当美元遇到危机时，就将其抛诸脑后。从此以后，浮动汇率制就变成为国际有管理的货币体系。

"广场协议"签订之前，1美元兑换240日元左右。协议签订后，日元大幅升值，1995年1美元兑换80日元。10年间日元升值3倍，这种不良影响绝不是通过努力经营就可以消除的。于是，就只剩下将国内产业转移到拥有廉价劳动力的亚洲和降低国内工资这两条路可走。曾经度过第二次石油危机（1979~1980年）并实现经济快速增长的日本，受浮动汇率制所累，经济出现下滑。

图8-1根据皮凯蒂的数据绘制而成，表示日元和美元的名义汇率和购买力。

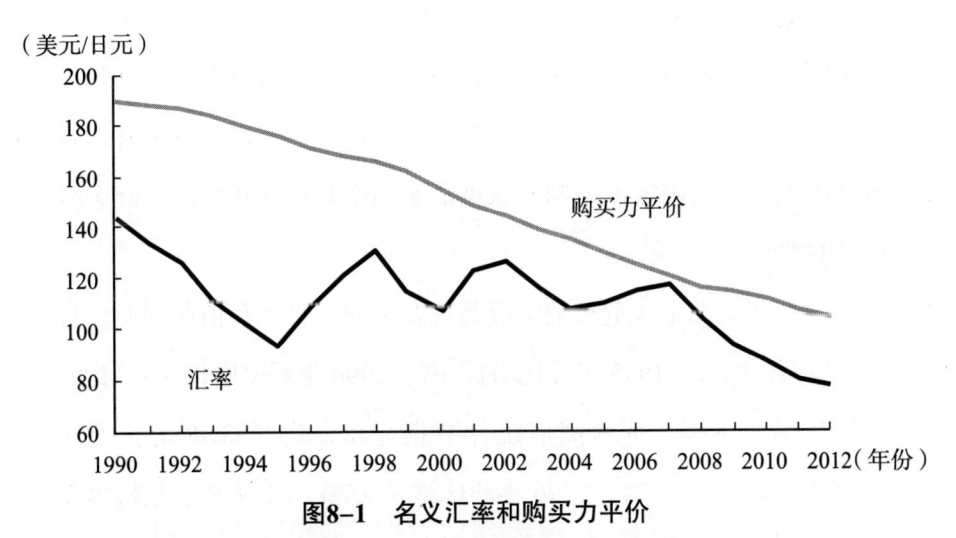

图8-1 名义汇率和购买力平价

资料来源：http://piketty.pse.ens.fr/capital21c。

由于图 8-1 数据始于 1990 年，所以不包含签订"广场协议"的时点。不过，日元急剧升值是一目了然的。图 8-1 上面的线表示购买力平价。所谓购买力平价，举例说明，如果相同的麦当劳汉堡包在日本用 100 日元可以买到，在美国是 1 美元，那么汇率就是 1 美元 =100 日元。购买力平价可以表示实际的或者长期的汇率走势。

由购买力评价可知，日元一直在升值，对日本经济长期不景气产生极大的影响。通货紧缩就意味着国内货币价值上升。物价与货币价值成反比。香烟从 200 日元降到 100 日元，200 日元货币购买力从一盒香烟增加到两盒香烟。这就是通货紧缩现象。

由图 8-1 可知，日元一直升值，到 1995 年 1 美元兑换 80 日元，然后突然形势变化，1995~1998 年日元开始贬值。由于美国转为实行高利率政策，与美元挂钩的亚洲各国货币相对于日元来说大幅升值。日本经济复苏，亚洲各国出口受创。1997 年泰铢暴跌，危机波及泰国、印度尼西亚、菲律宾、韩国，甚至波及俄罗斯。亚洲货币体系实行双轨制，即日元和美元之间实行浮动汇率制，亚洲各国货币盯住美元实行固定汇率制。双重汇率制度并存导致此次亚洲金融危机的爆发。

1997 年亚洲金融危机的情况与现在不同。日元贬值的同时，日本出口大幅增长，1995 年环比增长 3%，1996 年环比增长 8%，1997 年环比增长 14%。据内阁府统计数据显示，实际 GDP 增长率在 1995 年环比增长 2.7%，1996 年环比增长 2.7%，亚洲金融危机爆发的 1997 年环比增长 0.1%。

第八章
对日本经济的建议

1997~1998年，山一证券、北海道拓殖银行等金融机构破产，使日本经济再度陷入衰退。不过，在此之前，日元贬值还是对日本经济产生了巨大的影响。当然，工资在1998年也达到了最高峰。现在的情况与当时截然不同。即使日元贬值，工资既不上涨，经济又不增长。日本实体经济依然脆弱。

从1998年开始，日本由于通货紧缩导致经济陷入衰退。通货紧缩就是国内货币价值上升，如皮凯蒂的图表所示，日元购买力平价大幅上升。从图8-1中可知，2012年购买力平价是120日元，名义汇率为80日元，与实际汇率相比，日元被人为高估。

但是，现在的问题是日元对美元的汇率从80：1贬值到120：1，即便是大型出口企业也仅仅只是盈利增加，实际GDP并没有增长，日本国民根本没有享受到日元贬值的红利。

本币贬值，出口企业获利，这并不是值得称赞的政策。尽管大型出口企业的利润增加了，但是国民经济并未出现增长。2014年度的经济数据证实了日本实体经济出现了严重的危机。

来自工资的重创

通过自身努力，在国际贸易中具有竞争力，促进出口增长，然而贸易顺差国的货币会不断升值，从而使出口受到抑制，那么，在浮动汇率制下，具有竞争力的国家就会受到惩罚。可见，浮动汇率制是一种奖懒罚勤的制度。自签订"广场协议"之后的10年间，由于日元大幅升值，日本国内泡沫急剧扩大，最终由于房地产泡沫的破灭造成了日本经济的长期停滞。因此，浮动汇率制对经济正在增长的国家而言不是合适的国际货币体系。

无论日本企业如何努力经营、如何提高劳动生产率，最终都会被日元大幅升值所抵销。在此背景下，日本采取两种应对措施。第一，降低国内工资。通过减薪恢复国际竞争力，拯救企业。增加非雇佣劳动者就是减薪手段之一。第二，将工厂迁到海外。大型汽车出口企业——丰田汽车，迄今已有六成以上迁到海外生产。将工厂迁到海外，导致国内雇佣减少，造成工资进一步下降。

20世纪90年代以后，经济出现全球化趋势。浮动汇率制下，为了维持国际竞争力，国内外都应该实行低工资制度，这就是日本应对经济全球化的策略。减薪策略最终波及劳动者。

图8-2表示日本企业海外固定资产投资与国内固定资产投资之

比。从图 8-2 中可见，制造业向海外增加固定资产投资趋势十分明显。固定资产投资直接关系到经济增长，增加国内固定资产投资会扩大就业，促进经济复苏。增加海外固定资产投资，虽然能够增加企业利润间接使企业经营状况好转，但是能否促进日本国内经济复苏尚不确定。如果仅是增加了企业内部的留存收益，对复苏经济而言是毫无意义的。

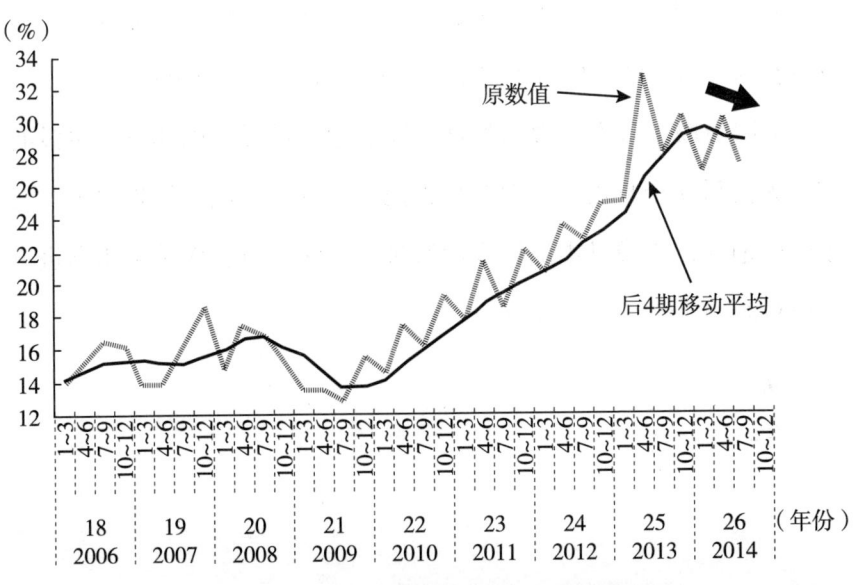

图8-2 日本企业海外固定资产投资情况

注：①海外固定资产投资率 = 海外当地法人设备投资额 /（海外当地法人设备投资额 + 国内法人设备投资额（资本金 1 亿日元以上））；②国内法人设备投资额（资本金 1 亿日元以上）：法人企业统计（财务省）。

资料来源：经济产业省经济解析室，平成 27 年 3 月，http://www.meti.go.jp/statistics/toppage/report/minikeizai/pdf/h2amini014j.pdf。

客观地说，日本过于遵从浮动汇率制度。从签订"广场协议"（1985 年）开始到 1995 年，日元兑美元，升值 3 倍。日元大幅升值，对实行浮动汇率制的日本产生了极大的影响。

欧洲则通过各种方法抵制浮动汇率制。欧洲各国在不断探索维持固定汇率制的方法。因为欧洲各国认为浮动汇率制不是一个好制度。

而日本却全盘接受了浮动汇率制的恶果。在日元急剧升值的过程中，最终导致国内工资下降和工厂外迁到海外。现如今，即便提高工资也难以提高国际竞争力，日本已经陷入绝境。企业拥有巨额营业利润，既不涨工资也不追加固定资产投资，无异于自取灭亡。

中国吸取了日本失败的教训。即使遭受世界各国非议，也没有实行人民币完全自由化，而是将人民币汇率置于国家管理之下。对于经济泡沫，不像日本那样采用激进的方法应对，而是采用渐进方法应对。

第八章
对日本经济的建议

◇

国债是导致危机的最大原因

日本经济最大的问题就是财政危机，随时都有可能破产。国际清算银行（BIS）巴塞尔委员会将国债视为风险资产，此论调一出引发大家的热议。

BIS 为了规避国际金融危机制定了各种制度。迄今为止，国债一直被视为安全、零风险资产。银行也将持有国债作为衡量经营安全性的指标。一旦将国债视为风险资产，因持有不同国家的国债，对其运营的稳定性评价也将会发生改变。如何评价日本国债，这将是一个重要的问题。

任何一个因素的变化都将引发国债暴跌。日本财政出现巨额赤字，不可能通过常规手段得以解决。只要这一现状没有改变，无论是战争还是自然灾害都可能引发国债暴跌。即使安倍经济学取得成功，推动物价上涨，然而，利息也会随之上升，这也是导致政府财政破产的关键因素。

目前日本财政存在两个问题，一是累积了大约 1 000 兆日元的债务，二是日本税收只相当于 100 兆日元财政预算的一半。尽管没有发生战争，但是日常的国家财政收支就导致赤字不断累积。只要不改变这种异常的预算编制，即使 1 000 兆日元的借款消失，也还会重蹈覆辙。

财政破产的同时，经济也必然崩溃。从这个时期的发展情况来看，日本无法认识并解决这些问题。财政破产引起国人的关注，反而更现实。

皮凯蒂推测日本人均 GDP 增长率为 1.5%。考虑到持续的经济低迷和人口数量下降，日本经济增长率势必会更低。在此背景下，通过正常手段解决财政问题绝无可能。我们不能期待着神风一吹，日本就变为资源大国，两位数的通货膨胀就会持续 10 年。

笔者曾经以 200 年前李嘉图的著作为依据，针对日本银行国有化提出建议。指出日本银行是从政府部门独立出来的股份公司，应该像中国人民银行那样，再将日本银行转变为国有银行。日本银行持有的国债可随着其国有化而相互抵销，在当前日本银行不断增加购买国债的背景下，抵销部分将会大幅增加。这是稳妥实施德政的一种方法。

本来，中央银行不应受到政府实施政策的影响，应立足于长远视角谋求币值稳定。中央银行具有独立性。中国人民银行受最高行政机关国务院的领导，相对于国务院以外的其他行政机构具有独立性。即中国人民银行也是政府的一个行政机构。

迄今为止，中央银行具有独立性是一种崇高的理想。雷曼兄弟破产之后，在全球范围内爆发金融危机，各国政府和中央银行共同应对危机，中央银行失去独立性。日本也未能例外。

但是，即便采取将日本银行国有化的非常手段，只要不改变预算编制，还是会重蹈覆辙。

第八章
对日本经济的建议

◇

执政者

200年前,李嘉图提出的观点是创立国立银行,而非英格兰银行,由国家管理货币,派专业人员从事管理货币的工作。他的观点为詹姆斯·斯图亚特提出不可兑换货币理论起到了重要的作用。

詹姆斯·斯图亚特提倡建立比贵金属货币币值更加稳定的不可兑换货币体系。李嘉图在研究笔记中也提及过詹姆斯·斯图亚特。李嘉图虽然已经放弃了贵金属货币的货币数量论,但仍相信纸币的货币数量论。他以金本位制为前提,开始探索纸币成为实际货币的制度。斯图亚特希望货币拥有稳定的币值,如同大海中屹立不倒的礁石,李嘉图认为只要将货币发行交由权威专业人员管理就一定能够实现币值稳定。这是不可实现的。

为了不引起误解,斯图亚特又进行了补充,他指出货币增加不同于需求增加,因此,一般情况下货币数量论是不成立的。认为货币数量的调整由执行流通于段货币数量决定。二者理论是截然相反的。

斯图亚特认为,商品经济时代,人人都自私自利。但是,人人都利己,社会就会稳定吗?亚当·斯密指出"看不见的手"能够有效地调节有理性经济人和谐共处。不过,斯图亚特没有"看不见的手"

的思想。"执政者"（statesman）发挥了这个作用。所谓执政者就是在人人产生利己心时，仍能秉承大公无私的理念，精通政治经济的人。

  笔者曾经在英国苏格兰爱丁堡大学图书馆阅读过斯图亚特关于货币论的手稿。这是斯图亚特写给巴林顿（Barrington）的一封信。巴林顿的才能堪比当时的财政部部长，是一名大公无私的执政者。

  日本似乎已经习惯了无视现实，掩耳盗铃。事到如今，毋宁说是由于财政破产才使政府醒悟，并重建财政。我们只能期待着能够完成财政破产以及财政重建的执政者登场。

第九章
我死后哪怕洪水滔天

日本经济——繁荣与衰退

日本经济神话始于 20 世纪 60 年代。日本从第二次世界大战后的废墟上着手重建，经济开始快速发展，在欧美经济衰退过程中，凭借减量经营成功度过了第二次石油危机，并在 80 年代后半期到达泡沫期的顶点。日本经济的高度繁荣令世界瞩目。

"泡沫"意味着没有实体经济发展的虚假繁荣。100 日元的郁金香球根即使卖到 100 万日元，也并不意味着财富增加 1 万倍。同理，土地价格、股票价格即使增加三四倍，也并非意味着财富同样增加三四倍，这就是泡沫。

20 世纪 80 年代后半期的"泡沫时期"正值经济繁荣时期。设备投资旺盛，工资上涨、GDP 也不断增加。完全不同于现在的日本经济。80 年代的日本经济号称"世界第一"，这并非言过其实。

20 世纪 90 年代泡沫破灭，日本经济也开始衰退，这被大家认为是不可理解的事情。最不可思议的是只有日本经济开始下滑。美国在冷战中获胜，确立了唯一能支配世界的超级大国地位。美国在第二次世界大战中超越英国，在冷战之后建立了以美国为主导的资本主义世界经济体系，真正的"美式和平"时代到来了。

另外，欧盟各国开始使用统一货币——欧元。亚洲诸国经济也

第九章
我死后哪怕洪水滔天

相继进入快速发展时期。资本主义取得了决定性的胜利，中国也未造成威胁。也就是说，资本主义世界在讴歌经济繁荣的时候，只有日本陷入了经济衰退的境地。

泡沫于1990年破灭。在持续40年以上的经济增长和高度繁荣的背景下，人们难以认识到经济将会衰退。事实上，1995年之前人们一度认为经济会小幅回升，经济低迷只是泡沫破灭后的暂时现象。但是，从1997年开始金融机构接连倒闭，日本经济陷入衰退泥沼而无法自拔。

迄今为止，泡沫破灭已有25年，经济陷入衰退泥沼也将近20年，衰退的时间太漫长了。令人绝望的财政赤字和国内贫富差距都在不断地扩大，虽是发达国家，但却持续经济低迷。这已不再是经济周期问题，而是结构性经济停滞问题。

资本主义以追逐利润为目标。以国内生产总值（GDP）的总和作为核算指标。GDP出现零增长违背了资本主义的本性。

日本是一个经济停滞的国家。假设追逐利润最大化是资本主义的根本目标，那么，经济增长是投资的一个重要指标。经济预期前景悲观的日本是一个没有吸引力的资本主义国家。

马克思笔下的资本主义，其经济是持续增长的，并伴随着生产力提高。生产力提高，促进机械设备不断更新。可以说，没有投资生产力就不会提高。然而，在经济不景气的背景下，大企业虽然利润丰厚，但却投资动力不足。按照马克思的观点，投资不足的日本，生产力不会提高，生产力不能提高的国家必将陷入衰退。

贫困与收入差距
——皮凯蒂与马克思的对话

关于人口论的评论

少子化经常被当作日本经济低速增长的原因之一。的确，人口下降会导致消费需求不足。但是，少子化并非会导致国民日益贫困，其对经济的影响也是极其微弱的。更何况，在经济全球化的背景下，资本主义国家有能力通过世界市场弥补内需不足给国内经济带来的损失。

另外，劳动人口下降，也并非一定会阻碍生产发展。诚然，劳动人口下降会导致国民收入下降。但是，劳动人口数量是否不足，还取决于其与投入资本之间的关系。劳动人口不足作为一个人口问题，它不是自然现象，而是一个反映工资、失业率的社会性问题。这点不同于消费需求。

劳动人口减少导致工资上升，然而，现在的日本非正规雇佣持续增加，正规雇佣不断下降。工资总额非但没有增加，反而持续下降。目前，不断增加的仅是对低工资劳动的需求。

2015年2月的失业率为3.5%，接近充分就业。但是，对非正规雇佣的有效求人倍率（劳动力市场需求与求职人数之比）是1.15倍，对正规雇佣的有效求人倍率仅为0.7倍。[①] 对低工资劳动的非正规雇

---

① 日本总务省《劳动力调查》、厚生劳动省《职业稳定业务统计》。

第九章
我死后哪怕洪水滔天

佣的需求，改善了失业率。这只不过是一种扭曲的失业率下降方式。

因此，人们总是把人口下降当作日本经济面临的重要问题。与其说人口下降是导致日本经济不景气的根源，倒不如说是将低工资强加于劳动者而产生的恶果，我们看问题绝不能如此表面化。如果经济景气，人口下降就会产生工资上升的压力。经济不景气人口下降，从经营的角度来看，倒是一种恩惠。

关于投资停滞的评论

日本经济学者宇野弘藏在《经济原论》（创立于 1964 年，2016 年复刊）中指出资本家在经济衰退时期就会降低商品价格，为引进新技术而追加投资。把马克思的经济危机理论纳入经济周期循环理论体系中，追加的设备投资就会成为经济复苏的转折点，开创新的景气周期。

宇野弘藏在《经济原论》中表明，以 19 世纪的英国为蓝本描绘的资本主义原理，既不同于现实的资本主义，也不同于当今的资本主义。不过，资本主义本来也就是这样的。

当今的日本资本主义根本没有投资，长期的经济不景气表现为工资下降、设备投资不足。尤其是对国内的设备投资持续低迷。设备投资不足意味着技术革新和新产品开发停滞。即使拥有先进的技术，但是如果不追加投资就无法转化为现实的生产力。投资不足的国家是无法实现生产力提高和经济增长的。

然而，即使不追加设备投资也能提高经济利润。那就是降低工资。受到制度约束无法随意降低正规雇佣工人的工资，因而企业就会增加非正规雇佣工人的比例。随着非正规雇佣人数的不断上升，

第九章
我死后哪怕洪水滔天

企业降低了工资成本,但是工人的生活水平也随之下降。

不过,还存在着比低工资更为严峻的问题。那就是通过提高劳动强度来确保利润这个问题,这也是资本主义最野蛮的一面。

贫困与收入差距
——皮凯蒂与马克思的对话

◇

回归到工厂法实施以前

现在，经济长期低迷，日本工人的生存状态持续恶化。低工资、长时间工作以及苛刻的劳动条件都已经常态化。

经济不景气的时候，延长工作时间令人匪夷所思。一般来说，人们都会认为，经济不景气，工作减少，工资和劳动时间也应该相应下降。但是，在经济不景气的情况下，资本家的应对措施就是让较少的工人工作更长的时间。马克思在《资本论》中这样描述到。

"在生意这样不景气的时候还有过度劳动现象，人们也许会认为是矛盾的；可是生意不景气却刺激那些无所顾忌的人去犯法。"（马克思《资本论》第一卷，第279页）

日本工人的境遇甚是悲惨。媒体经常曝光过劳死、黑心企业这些问题。从统计数据中无法得知工人真实的劳动时间。只有当出现过劳死诉诸法律的时候，真相才会大白于天下。公司的下班时间不同于实际的下班时间，大多是表面虚假的下班时间。过劳死的审判结果是通过电脑中最后发送的邮件时间推定死者下班的真正时间。

通过没有加班津贴的义务加班、把工作带回家干、没有加班费的"有名无实"的管理职位等隐蔽方式提高劳动强度，已经成为极其严峻的社会问题。从审判的案例可以看出，每个月加班的时间超

第九章
我死后哪怕洪水滔天

过100小时，有时甚至超过200小时。

19世纪的英国建立资本主义政权，企业增加雇佣女工、童工，并且不断延长劳动时间。在英国，阶段性地出台工厂法用以应对企业主延长劳动时间的行为。当然，日本也出台了劳动基本法，从法律上保护了工人利益。然而，现实的真实情况却是回归到工厂法出台之前的状态。

据统计，泡沫经济破灭以后，每年大约有3万人自杀，其中大约有2 500人因为工作问题自杀（川人，2014年）。

贫困与收入差距
——皮凯蒂与马克思的对话

◇

资本家与工人

《资本论》中描绘的"剥削"理论是多面性的。既描绘了理性的资本家,也描绘了凶暴的资本家。剩余价值理论就是以自由和平等的市场为基础,分析资本家获取剩余价值的理论。这里的资本家是理性的资本家,也是马克思理论的基础。这些都是已经论述过的问题,要点如下:

人们本来在每天的劳动中就能够生产出一天的生活资料和剩余价值。剩余劳动时间、剩余产品既可以由全体国民共同所有,也可以由国王或封建领主所有。在资本主义社会,剩余价值以利润形式被资本家无偿占有。

资本家支付给工人的工资只能购买工人维持生存所需的生活必需品,通过消费生活必需品工人每天可以恢复劳动力。从这点来看,可以说,工资与劳动力价值等价。在自由平等的劳动力市场中,劳动力这种商品在资本家和工人之间进行买卖。当然,劳动力的买卖不同于普通商品。这里是将签订工资契约行为比作买卖。

这种关系符合市场经济原理或者市场经济思想。资本家的剥削和工人在生产商品的同时创造价值这两种情况都是基于这种关系。剩余劳动时间里创造的剩余产品理应归全民所有,如果站在这个角

第九章
我死后哪怕洪水滔天

度看待资本家获取剩余产品的行为，马克思批判地将其称为"剥削"。从表达思想的角度看，这就是剩余价值理论。

资本追求利润（剩余价值）最大化，增加利润的方法有两个。马克思称之为绝对剩余价值的生产和相对剩余价值的生产。绝对剩余价值生产是指资本家通过延长工人劳动时间获取更大的利润。相对剩余价值生产则是通过提高劳动生产率使生活资料的价值下降，名义工资下降，实际工资不变，从而增加剩余价值。

两种方法相辅相成、紧密结合。在资本主义经济下，劳动生产率提高会促进机器设备的改良。机器大工业，以相对剩余价值生产为主，同时，也存在绝对剩余价值生产。伴随着机器大工业的发展，工作日趋简单化，工人从属于机器。在劳动过程中，人与机器的主次地位发生颠倒。

以往实行学徒制度，工人必须经过长期学习才能掌握技能从事生产，而在机器大工业时代，不再需要技能，任何一个人都可以从事工业产品的生产。伴随机器的广泛使用工作日趋简单化，妇女、儿童都可以参加生产。因此，资本家会随意降低工资、延长工作时间。

因为在工厂法里包括教育条款，因此，义务教育得以普及。但是，真实的情况完全超出想象。《资本论》中引用的一份报告中，列举了一位名字拼写怪异的教师案例。尽管如此，马克思还是对工厂法给予了高度评价。因为在19世纪，通过教育让大众识字具有极为重要的意义。

现在的大多数劳动不再像19世纪那样是一种简单劳动，然而，在高等教育高度普及的当下，也产生了与 19 世纪同样的问题。如今能够供给大量的技术人员和专家，缺乏专业技能的工人依然面临着失业危机。正如 19 世纪童工对成年男子的就业形成压力一样，现在大量毕业于高等学府的毕业生也对在职人员的就业形成压力。

并非简单劳动就是令人痛苦的，专业性强的复杂劳动就是富有创造性的、是自我实现。马克思在《1844 年经济学哲学手稿》中指出异化劳动是人同自己的劳动产品相异化，就是说工人不能享受自己的劳动成果。即便通过劳动能够获得幸福感，也不能接受低工资和恶劣的劳动环境。

第九章
我死后哪怕洪水滔天

◇

关于工作日的斗争

在《资本论》中用剩余价值率 m/v 表示资本家和工人的关系。m 表示利润，v 表示工资，利润与工资之比表示资本家和工人的关系。利润上升工资就会下降，工资上升利润就会下降。因此，资本家和工人之间的阶级斗争就是利润与工资之争。在日本，每年爆发的"春斗"①，就是工人要求提高工资，与资本家展开的激烈斗争。

在资本主义社会，资本家为了加强对工人的剥削，不断延长劳动时间、恶化劳动环境，破坏了经济原则，威胁人类的生存。按照市场经济原理，资本主义理应贯彻自由、平等原则，然而，现实中的资本主义却背离了自由与平等原则。此时，市场便不能抑制资本主义。社会、国家能否理性地发挥作用，只有遵循市场经济才是关键。关于市场问题，我们来看看《资本论》的论述。

《资本论》没有把工人和资本家之间的阶级斗争作为工资问题来看待。《资本论》中阐述的阶级斗争是围绕"工作日"展开的斗争。

---

① 译者注：春斗（日语：春闘，しゅんとう），又称"春季生活斗争""春季工资斗争"，是日本工会每年春季组织的为提高工人工资而进行的斗争。1954年，合化工人联合会委员长太田薰提出此案，1955年开始第一次春季斗争。此后，每年都由各大工会联合组成"春斗共斗委员会"，领导春斗。现在已成为日本劳工运动的固定形式之一。春斗一般采取谈判的方式进行。

这里的"工作日"就是劳动时间，斗争的结果就是通过修改工厂法，将正常工作日（劳动时间）设定为10个小时。

马克思的结论就是"正常工作日的规定，是几个世纪以来资本家和工人之间斗争的结果。"（《资本论》第一卷，第312页）

《资本论》并未详细地介绍工人是如何进行斗争的。确实，在《资本论》中介绍了工人集会，但是马克思所说的"斗争"就是19世纪中叶的宪章运动和争取10小时工作日的运动（《资本论》第一卷，第327页）。由于这些运动，国家最终做出制定正常工作日的决定。

1833年颁布的保护工人利益的工厂法，规定了正常工作日，并对儿童的工作时间也做出规定。9~13岁儿童的劳动时间每天限制为8小时，13~18岁少年的劳动时间每天限制为12小时。1844年的补充工厂法，将妇女劳动也置于法律的保护之下。

马克思说，"在1844~1847年期间，受工厂立法约束的一切工业部门，都普遍一致地实行了十二小时工作日。"（《资本论》第一卷，第326页）但是，将可以雇佣儿童的最低年龄从9岁降为8岁。

1850年的工厂法也对成人劳动做了法律上的规定。关于工厂法对劳动时间的规定我们引用马克思的论述。

"1850年制定的现行（1867年）工厂法规定，一周平均每个工作日为10小时，即一周的前5天为12小时，从早晨6时至晚上6时，其中包括法定的半小时早饭时间和一小时午饭时间，做工时间净剩$10\frac{1}{2}$小时；星期六为8小时，从早晨6时至午后2时，其中有半小

第九章
我死后哪怕洪水滔天

时早饭时间。"(《资本论》第一卷,第277页)

扣除吃饭时间,每周做工时间净剩60小时。《资本论》详细介绍了资本家如何"零敲碎打地偷窃"吃饭时间来延长实际工作时间的问题,并且详细介绍了一些案例。

《资本论》介绍了资本家反抗工厂法和逃避工厂法的各种事例。资本家是不可能产生限制劳动时间保护劳动者的动机。

在现实中,长时间劳动是一件令人惊讶的事情。1863年6月下旬,伦敦所有的日报都用《一个人活活累死》这一"耸人听闻"的标题登载着一条消息,报道一个20岁的女时装工玛丽·安·沃克利是怎样死的。她在一家很有名的宫廷时装店里做工……女工平均每天劳动 $16\frac{1}{2}$ 小时,在忙季,她们往往要一连劳动30小时(《资本论》第一卷,第294页)。17世纪的毛织业,雇佣6岁儿童,在荷兰的一所济贫院雇佣4岁儿童做工(《资本论》第一卷,第315页)。

资本家想方设法使工厂法形同虚设,马克思在《资本论》中通过《工厂视察员报告》介绍了以下案例。

即因为按照工厂法规定,未满13岁的儿童只能劳动6小时。年龄必须经过合格医生的证明……工厂主雇佣的未满13岁的儿童人数屡次大幅度地减少……根据工厂视察员本人的证词,这种情况大部分是由合格医生造成的(《资本论》第一卷,第456页)。医生虚报儿童年龄是为了迎合资本家剥削的欲望从而规避工厂法。

另外,父母也会贩卖孩子。马克思根据《童工调查委员会·第

5号报告》（1866年）指出"直到现在英国还有这样的事发生：妇女'把子女从贫民习艺所中领出来，以每周2先令6便士的价格出租给任何一个主顾'。"（《资本论》第一卷，第456~457页）

对从事劳动的儿童的保护不仅是得到工厂主的保护，而且还要得到父母的保护。然而现实中，甚至出现杀害儿童、让儿童服鸦片剂的情况（《资本论》第一卷，第459页），这是一种社会倒退现象。

妇女、儿童参加工作导致家庭崩溃、儿童发育不良，长时间的劳动使劳动者的身体健康每况愈下。这是人类的一种倒退。但是，资本家的本性决定了他们不会对人类的倒退负责任。"我死后哪怕洪水滔天！"（《资本论》第一卷，第311页）才是资本家真正的本性。所谓"洪水"就是圣经中描绘的诺亚方舟大洪水。在这场大洪水中，只有乘坐方舟的诺亚家族和动植物生存下来，这是人类灭绝的传说。《资本论》的描述如下：

"因此，资本是根本不关心工人的健康和寿命的，除非社会迫使它去关心。"（《资本论》第一卷，第311页）

也就是说，资本家为了剥削工人，减少工资，即使工人这个种族灭绝了也在所不惜。马克思不是把工资作为研究问题，而是把延长劳动时间带来的社会损失作为研究问题。马克思指出资本家的本性就是即使将劳动时间延长到人类生理上限导致人类灭亡，也要追求利润，"我死后哪怕洪水滔天！"

第九章
我死后哪怕洪水滔天

◇

劳动时间原理

《资本论》中所描绘的劳动时间问题是指，劳动时间看似有原则实则无原则。也就是说，如果没有限制，工人会被强迫长时间劳动。资本家是想方设法逃避限制工人劳动的法律。

在马克思时代，还未建立普通选举制度。不存在代表工人意愿的政党。然而，在包括工人在内的各阶层推动下，社会运动日益活跃，在此背景下议会通过了工厂法。工厂法违反资本家的意愿，用于管制资本家的行为。可以说这是作为国家整体的共同体意识的问题。劳动时间、劳动强度、劳动者保护等问题，如果没有国家就无法解决。

马克思说"作为工人阶级的身体和精神的保护手段的工厂立法的普遍化已经不可避免。"（《资本论》第一卷，第576页）

马克思指出，工人的斗争固然重要，但最终还是依据立法部门的判断制定了工厂法并加以改善。《资本论》中关于"工作日斗争"的理论如今又开始具有重要意义了。

工人的展望

围绕劳动时间和劳动条件的探讨中，包含了经济学原理中漏掉的问题。工人是劳动力的所有者，不是物，而是人。劳动力与工人成为一体，耗费劳动力的劳动时间和强度是很大的。因此，在资本主义经济规律之外，还存在着很多亟待解决的问题。可以说，这些是不能仅靠经济学就能分析清楚的问题。

宇野弘藏在《经济原论》（上卷，1950年；下卷，1952年；合本，1977年），即所谓的《旧原论》中指出，劳动时间"最终不得不受到工厂法约束"（第114页）。那是因为，劳动力商品"对于每一个资本家而言，是足以令人忘记社会结果，带来丰厚利润的源泉"。（第114页）。

现在，在日本，长时间劳动导致过劳死和黑心企业恶劣的工作体制正在成为社会问题。这几乎是"工厂法实施以前"的状态。在日本经济长期停滞不前、国际竞争日益激烈的背景下，企业正在采用彻底削减成本和裁员的手段。如果说《资本论》中的资本家为了谋取更多的利润已经沦为欲望的俘虏，那么，现在日本的企业为了继续生存下去，就会加强对工人的束缚。

在日本，一般而言，工人跳槽对其自身不利。另外，即使失业

第九章
我死后哪怕洪水滔天

率有所改善，但在非正规雇佣不断增加的背景下，工人也不能轻易作出跳槽的决定，只能忍受恶劣的工作环境。

在《资本论》中，"关于工作日的斗争"取得了成效，简而言之，是通过劳动者的斗争和立法部门的意志获得的。如果是这样的话，在日本，现在的劳动问题将很难解决。

与马克思时代相比，现在最大的特点是，普选制度已经建立。但是，在日本，没有像欧洲那样以明确形式代表工人利益的政党。另外，工会的组织率低下，而且与企业主的斗争能力也极其薄弱。

也许正因为这种情况，才导致日本出现了"工厂法实施以前"的劳动问题。

索引（中日对照）

人名

宇野弘藏	宇野弘蔵
库兹涅茨	クズネッツ
凯恩斯	ケインズ
詹姆斯·斯图亚特	ジェームズ・ステュアート
斯密	スミス
皮凯蒂	ピケティ
休谟	ヒューム
费雪	フィッシャー
弗里德曼	フリードマン
马歇尔	マーシャル
马克思	マルクス
J.S. 穆勒	J.S. ミル
孟德斯鸠	モンテスキュー
李嘉图	リカードウ
列宁	レーニン
洛克	ロック

著作

《21世纪资本论》	『21世紀の資本』
《共产党宣言》	『共産党宣言』
《政治经济学及赋税原理》	『経済学および課税の原理』

索引（中日对照）

《经济原论》	『経済原論』
《经济学哲学手稿》	『経済学哲学手稿』
《政治经济学批判》	『経済学批判』
《国富论》	『国富論』
《资本论》	『資本論』
《新·资本论》	『新·資本論』
《关于费尔巴哈的提纲》	フォイエルバッハに関するテーゼ

专有名词

G–W–G′	G–W–G′
MV=PT	MV=PT
r>g	r>g
U 型曲线	U 字型曲線
$\alpha = r \times \beta$	$\alpha = r \times \beta$
$\beta = s/g$	$\beta = s/g$
亚洲金融危机	アジア通貨危機
安倍经济学	アベノミクス
执政者	為政者
惊险的一跃	命がけの飛躍
英格兰银行	イングランド銀行
石油危机	オイルショック
亿万富翁	億万長者
外汇储备	外貨準備
阶级关系	階級関係
阶级社会	階級社会

贫困与收入差距
——皮凯蒂与马克思的对话

消费不足理论	過少消費説
生产过剩理论	過剰生産説
价值	価値
价值尺度	価値尺度
纸币	紙幣
货币现象	貨幣現象
货币错觉	貨幣錯覚
货币数量论	貨幣数量説
货币贮藏	貨幣蓄蔵
货币发行收益	貨幣発行益
货币量	貨幣量
可变资本	可変資本
过劳死	過労死
充分就业与福利	完全雇佣と福祉
机器化大工业	機械制大工業
放松管制	規制緩和
资本收益	キャピタルゲイン
贫穷化规律	窮乏化法則
教育条款	教育条項
供给曲线	供給曲線
危机	恐慌
金	金
金本位制	金本位制
经济周期	景気循環
边际效应递减规律	限界効用逓減の法則
边际理论	限界理論
剑桥方程式	ケンブリッジ方程式

索引（中日对照）

交易方程式	交換方程式
工厂法	工場法
国际货币	国際通貨
国际货币体系	国際通貨体制
固定资本	固定資本
固定汇率制	固定相場制
古典政治经济学派	古典派経済学
最高所得税率	最高所得税率
财政赤字	財政赤字
再生产	再生産
财政问题	財政問題
剥削	搾取
产业资本家	産業資本家
产业后备军	産業予備軍
三大阶级	3大階級
三位一体	三位一体
自杀	自殺
资产家	資産家
实际工资	実質賃金
基尼系数	ジニ係数
支配劳动	支配労働
支付手段	支払手段
资本	資本
资本家	資本家
资本过剩理论	資本過剰説
资本/收入比	資本/所得比
资本税	資本税

资本有机构成	資本の有機的構成
自由	自由
重商主义	重商主義
需求曲线	需要曲線
前10%	上位10%
少子化老龄化	少子高齢化
收入差距	所得格差
信用	信用
超级职业经理人	スーパー経営者
生产价格	生産価格
生产力	生産性
生产成本理论	生産費説
增长率	成長率
政府债务总量	政府債務残高
世界经济危机	世界恐慌
世界货币	世界貨幣
承袭制资本主义	世襲資本主義
绝对剩余价值	絶対的剰余価値
绝对贫困率	絶対的貧困率
继承与赠与	相続と贈与
相对剩余价值	相対的剰余価値
相对贫困率	相対的貧困率
第一次世界大战	第1次世界大戦
第二次世界大战	第2次世界大戦
简单劳动	単純労働
长时间劳动	長時間労働
超富裕阶层	超富裕層

索引（中日对照）

储蓄	貯蓄
通货紧缩	デフレ
投入劳动	投下労働
冷战	冷戦
投资	投資
超额剩余价值	特別剰余価値
内部留存	内部留保
拿破仑战争	ナポレオン戦争
尼克松冲击	ニクソン・ショック
泡沫	バブル
泡沫破灭	バブルの崩壊
班柯	バンコール
皮尔条例	ピール条例
非正规雇佣	非正規雇佣
货币必要量理论	必要流通手段量説
成本曲线	費用曲線
平等	平等
贫困	貧困
不可兑换货币	不換紙幣
腐朽性	腐朽性
不景气	不況
福利国家	福祉国家
物价	物価
比例失衡理论	不比例説
不变资本	不変資本
富人税	富裕税
富人阶层	富裕層

基础财政收支平衡	プライマリーバランス
"广场协议"	プラザ合意
法国《人权宣言》	フランス人権宣言
不劳而获	不労所得
分配	分配
越南战争	ベトナム戦争
浮动汇率制	変動相場制
货币主义	マネタリズム
唯物史观	唯物史観
剩余价值	剰余価値
利润率下降趋势	利潤率の傾向的低下
流通手段	流通手段
量化宽松	量的緩和
累进税制	累進課税
债务总量	累積債務
连续性影响理论	連続の影響説
工会	労働組合
劳动生产过程	労働生産過程
工作日	労働日
关于工作日的斗争	労働日をめぐる闘争
劳动力	労働力

参考文献

译著

1. 克里斯托弗·哥伦布，林家永吉译：《哥伦布航海日记》，岩波文库 1977 年版。
2. 詹姆斯·斯图亚特，小林升监译：《经济原理》，上卷（第 1·2 编），1998 年，下卷（第 3·4·5 编），名古屋大学出版社 1993 年版。
3. 亚当·斯密，水田洋监译：《国富论》，岩波文库 2001 年版。
4. 托马斯·皮凯蒂：《21 世纪资本论》，みすず书屋 2014 年版。
5. 托马斯·皮凯蒂：《新·资本论》，日经 BP 社 2015 年版。
6. 大卫·休谟，田中敏弘译：《经济论文集》，东京大学出版社 1967 年版。
7. 卡尔·马克思，社会科学研究所监修·资本论翻译委员会译：《资本论》，新日本出版社 1982 年版。
8. 卡尔·马克思，城塚登·田中吉六译：《经济学·哲学手稿》，岩波文库 1964 年版。
9. J.S. 穆勒，末永茂喜译：《政治经济学原理》，岩波书店 1959 年版。
10. 夏尔·德·塞孔达·孟德斯鸠，野田良之他译：《论法的精神》（上、中、下），岩波文库 1989 年版。
11. 大卫·李嘉图，末永茂喜监译：《政治经济学及赋税原理》《李嘉图全集》（第一卷），雄松堂 1970 年版。
12. 弗拉基米尔·伊里奇·列宁，宇高基辅译：《帝国主义》，岩波文库 1956 年版。
13. 约翰·洛克，田中正司、竹本洋译：《利息及货币论》，东京大学出版社 1978 年版。

日语文献

1. 石塚良次「資本とは何か―トマ・ピケティ『21世紀の資本』を読む」、『専修大学社会科学研究所月報』、2015年3月。
2. 伊東光晴「誤読・誤謬・エトセトラ」、『世界』、2015年3月号、岩波書店。
3. 宇野弘蔵『経済原論』、岩波全書、岩波全書、1970年。（初版、1964、『新原論』）。『経済原論』、岩波書店、1977年（1950上巻、1952下巻の合本改訂、『旧原論』）
4. 奥山忠信『貨幣理論の現代的課題——国際通貨の現状と展望』、社会評論社、2013年。
5. 松元崇『リスク・オン経済の衝撃』、日本経済新聞出版社、2014年。

欧美文献

1. Harvey, David, "Afterthoughts on Piketty's Capital in the Twenty-First Century", Reading Marx's Capital with David Harvey (http://davidharvey.org).
2. Rowthorn, Robert, A note on Piketty's Capital in the Twenty First Century, Cambridge Journal of Economics 2014, 38, 1275-1284.
3. http://www.globalnote.jp.
4. http://piketty.pse.ens.fr/capital21c.
5. http://topincomes.parisschoolofeconomics.eu.

后　记

英联邦苏格兰的首府爱丁堡列入了联合国教科文组织的世界遗产名录。位于市区的皇家一英里（Royal Mile）是连接爱丁堡城堡（Edinburgh Castle）和荷里路德修道院（Holyrood Abbey）的旅游胜地，在街中心矗立着大卫·休谟的青铜雕像。在离休谟雕像不远的地方，还有一座青铜雕像，那就是始建于近代的亚当·斯密的雕像。沿着街道漫步，不远处便是斯密的故居。斯密故居如今仍在使用，到了夜晚便灯火通明。一路前行，便可来到斯密的墓地。休谟之墓则位于爱丁堡卡尔顿·克拉格兹（Calton Crags）公墓。

休谟是世界历史上著名的哲学家，斯密是"经济学之父"。两人是挚友，斯密体弱多病，很早就确定休谟作为他的遗著管理人，1773年休谟将斯密《国富论》的手稿交给伦敦的出版社出版，然而，在1776年《国富论》出版之际，休谟却先于斯密离世。

安倍经济学第一支箭的理论依据就是货币数量论。虽然货币数量论的起源历史久远，但是，该理论是在倡导三权分立的法国思想家孟德斯鸠、被誉为英国名誉革命思想先驱的约翰·洛克和哲学巨匠休谟的理论基础上形成的。货币数量论认为货币不是财富，而是交换的媒介。而重商主义一直将金、银视为财富，货币数量论是对重商主义经济思想的一大转变。

很多人认为经济学之父亚当·斯密也信奉货币数量论，其实这是一种误解。斯密在《国富论》中，曾多次通过理论分析和实证分析批判了货币数量论。斯密非但没有采用挚友休谟的理论，还对其进行了批判。斯密在《国富论》中，也和休谟一样，对将金、银视为财富的重商主义进行了批判。斯密也认为货币是媒介，尽管如此，他依然还是批判了休谟的货币数量论。

斯密认为货币数量取决于商品数量和价格水平。这一观点被马克思继承，并形成系统的理论体系。

货币数量论强调只有市场才能保障自由竞争，所以被现代学者推崇，成为主流学说。特别是在当下，很多发达国家饱受财政赤字困扰，无法采取积极的财政政策干预经济。对于政府而言，没有成本的金融政策，就是一种逃避方式。然而，市场的自由竞争却导致收入差距不断扩大，造成发达国家经济停滞不前。在此背景下，皮凯蒂携马克思理论再次登场。

皮凯蒂和马克思针对贫困和收入差距问题提供了大量丰富的分析工具。毋庸置疑，现在的日本经济毫无前景可言。尽管政府和日本银行一再强调，日本经济正在缓慢复苏，但是，在工资和国民收入都停滞不前的现状下，在经济学课堂上给学生讲解政府的官方理论实在是难以自圆其说。日本政府操控股价，致使股价一路上涨，此举备受非议，我们甚至不清楚这样的高股价何时会崩溃。本来实

后记

体经济就不景气。再加上贫富差距、财政赤字和经济低增长等问题，使得日本经济雪上加霜。皮凯蒂的贫富差距理论与日本实际情况不相符。日本的贫富差距是由贫困化导致的，这让人更加绝望。更为严峻的是财政危机问题。日本正处于崩溃危机之中。用最正统的手段解决问题已绝无可能。无论是何原因，如果国债暴跌，日本的财政和经济就会崩溃。财政赤字将极大地制约着宏观经济政策发挥作用。动用财政手段就会增加赤字，无异于紧紧勒住了自己的脖子。在财政政策受限的背景下，难以实现经济增长。经济长期不景气，企业也失去了投资意愿。其结果必将使日本的经济增长率落后于世界，陷入国家衰退的境地。

即便对上述情况视而不见，但是，经济崩溃的危机终将到来。现实的问题不可能轻易地解决。因此，我们有必要关注这个现实。既然本书的结论是经济有可能再次崩溃，那么，请大家不要忽视这个问题。

本书能够顺利出版全赖社会评论社松田健二社长的鼎力支持，在此表示由衷的感谢！